AF451710

LE DEGRÉ

DES AGES DU PLAISIR

OU

Jouissances voluptueuses de deux personnes de sexes différents, aux différentes époques de la vie.

Recueilli sur des mémoires véridiques par MIRABEAU, ami des plaisirs,

SUIVI DE

L'ÉCOLE DES FILLES

OU

la philosophie des dames.

Orné de gravures et de chansons.

TOME PREMIER.

Au Palais-Royal,

CHEZ FEU LA VEUVE GIROUARD, TRÈS-CONNUE.

1798.

LE DEGRÉ

DES AGES DU PLAISIR.

LE DEGRÉ

DES AGES DU PLAISIR

OU

Jouissances voluptueuses de deux personnes de sexes différents, aux différentes époques de la vie.

Recueilli sur des mémoires véridiques par MIRABEAU, ami des plaisirs,

SUIVI DE

L'ÉCOLE DES FILLES

OU

la philosophie des dames.

Orné de gravures et de chansons.

TOME PREMIER.

Au Palais-Royal,

CHEZ FEU LA VEUVE GIROUARD, TRÈS-CONNUE.

1798.

LE DEGRÉ

DES AGES DU PLAISIR.

ÉPITRE

ou

Couplets à l'auteur du Degré des âges du plaisir.

Air : *L'amour est de tout âge.*

Mon cher auteur, tes traits plaisants,
Sous l'embleme de la peinture,
Et ses bijoux séduisants,
Qui forment la caricature,
Annoncent au lecteur traits pour traits
Quel est le but de ton ouvrage;
Que les engins de tes portraits
Ont fait plus d'un usage.

A dix ans, un jeune garçon
Ne connait dans son allumelle
Qu'un instrument dont la façon
Ne peut produire d'étincelle;

Mais à quinze ans, brûlants désirs,
Lui parlent un autre langage;
Il convoite les chauds plaisirs
D'avoir un pucelage.

Ce poil naissant, cette toison,
Bordant le tour de sa cheville,
Guide ses sens et sa raison;
Il bande alors pour une fille;
Pour lui c'est un heureux destin
De tâter, baiser une belle,
Depuis le soir jusqu'au matin,
D'instruire une pucelle.

Fille de même, en son printemps,
Veut un semblable sacrifice;
La démangeaison des amants
Chatouille aussi son orifice;
Alors, adieu toute vertu,
Ton nez fait son seul avantage,
Elle s'en sert, tout est foutu,
Sa pudeur fait naufrage.

Quand Dieu mit au bas de nos reins
Les outils dont l'homme badine,
Quoi ! voulait-il les rendre vains
Auprès d'une fille lutine?

Non, non, ce membre créateur
Se dresse pour la créature;
Qui dément ce plaisir flatteur
Injurie la nature.

Continue donc, mon cher auteur,
A mettre en jeu ce docte organe;
Qu'en qualité de visiteur,
Il chatouille mainte membrane;
Sers-toi de ton nerf érecteur,
Que dans un vagin il glisse;
C'est ainsi qu'attaque un docteur
Une chaude matrice...

Mais ne crois pas que ma chanson
Soit faite pour le philosophe;
Un aimable et gai polisson
Vaut mieux que gens de cette étoffe.
Eh quoi! le tracerais-je en vain
Sur la motte de mon amie?
Ce pupitre est pour l'écrivain
Le bonheur de la vie.

CHAPITRE PREMIER.

Introduction.

Naissance et effets de la nature depuis le berceau jusqu'à l'âge de dix ans.

Est-ce bien Dieu, l'Amour, ou Prométhée, qui formèrent les hommes? Si, malgré les glaces de la vieillesse, mon aimable compagne et moi, nous ressentons encore tous les feux de l'amour, ce ne peut être qu'à ce dieu charmant que nous devons notre existence. C'est pour le remercier de notre être que je publie ces mémoires, c'est en reconnaissance des faveurs délicieuses qu'il nous a procurées que je brûle de l'encens sur ses autels, et c'est lui que j'invoque pour vivifier mes tableaux.

O divin amour! toi qui me fis brûler tout le temps de ma vie pour la jouissance dont tu es le principe, fais circuler dans mes veines cette même flamme qui m'animait dans les embrassements que je prodiguais à la plus tendre des amantes, dans ce temps fortuné où la nature, moins avare de ses dons, me laissait jouir de toutes mes facultés.

Je n'offrirai point à mes lecteurs ces termes révoltants qui choquent la lubricité même ; mon but est de flatter les sens, sans surcharger mes descriptions par ces expressions ordurières, qui ne peuvent convenir qu'à une certaine portion de débauchés qui outragent le culte de l'amour et les charmes de la jouissance par ce qu'on peut appeler de sales peintures.

L'artiste qui consacre son burin à rapprocher dans un petit espace les principaux faits et événements de notre vie, ne met aucun voile sur les opérations de la nature ; c'est de même toutes nues que je veux les peindre, mais sans dégrader le plaisir en n'y admettant point la délicatesse.

C'est à ces femmes charmantes, lascives et pétulantes, qui, renfermées dans leurs boudoirs voluptueux, se livrent sans réserve et sans affecter une ridicule décence aux mystères multipliés de l'amour, que je dédie cet ouvrage. C'est aux libertins passionnés qui s'y reconnaîtront à lui donner de la célébrité. Hommes, femmes, sages ou prudes, vous aurez beau crier à l'anathème en me lisant, ce ne sera jamais que par hypocrisie, car vous êtes nés sans passions, ou l'histoire de ma vie et celle de l'amie de mon cœur est à peu près la vôtre.

Constance et moi, que je nommerai le chevalier de Belleval dans le cours de ces mémoires, naquîmes l'un et l'autre dans une ville peu distante de la capitale, à la suite de ces moments d'ivresse où le mâle avec ardeur, s'approchant de la femelle, cherche plutôt à satisfaire aux besoins de son tempérament qu'à remplir les vues de l'Etre suprême qu'on soutient nous avoir créés pour l'usufruit de ses menus plaisirs.

La cheville ouvrière de mon père posa donc la première pierre de ma naissance dans les entrailles brûlantes de ma mère, à peu près dans le même temps que le membre érecteur du père de Constance, guidé par le plaisir, construisit son individu dans le canal voluptueux du priapisme de madame sa mère.

Tous deux fruits de l'amour, tous deux enfants du plaisir, et nos maisons se joignant, nous fûmes élevés ensemble, sous les mêmes yeux; à l'âge du berceau, nous n'avions encore l'un pour l'autre que cette attraction sympathique, qui désigne que

l'homme et ses dépendances ont été formés pour
la femme, et que la femme et le joli bijou que la
nature lui donna étaient destinés à recevoir l'effusion délicieuse de la liqueur spermatique, qui
fait de nous ce que nous devenons, suivant la cir-
constance et les occasions.

Je suçais encore les tetons de ma nourrice, que
machinalement je portais la main à cette partie
qui nous distingue de la femme, et qui, dans notre
construction, doit être regardée comme le plus bel
ouvrage de la divinité. J'ignore si Constance, dans
les mouvements du premier âge, inspirée par la
même organisation, glissait aussi son doigt dans le
centre des voluptés; mais cela doit être, puisque
tous les deux, animés par les besoins d'une ardeur
du tempérament le plus lubrique, nous avons par
la suite renouvelé conjointement de mille et
mille façons différentes les plaisirs qu'on célèbre à
Cythère.

Pendant le cours de mes premières années,
Constance et moi nous ne nous quittions pas; il
semblait que l'amour nous eût créés l'un pour
l'autre, et à peine étions-nous débarrassés des
langes, dont J.-J. Rousseau, à qui nous rendons
trop tard un hommage, proscrivit l'usage, que

nous cherchâmes à nous éclairer sur ce que nous devions faire un jour quand la nature nous aurait donné le pouvoir de nous déclarer ses zélés partisans et ses plus sincères émules.

Constance et moi nous eûmes les mêmes maîtres jusqu'à l'époque où, ne voulant plus recevoir de leçons que de l'amour, nous secouâmes le joug altier que la prudence mal entendue des parents impose à la jeunesse ; mais avant d'en venir aux grands moyens, les préludes les plus charmants indiquèrent quelles seraient un jour nos passions, et à peine avions-nous atteint l'un et l'autre l'âge de cinq ans, que des yeux observateurs furent à même de juger que je serais un jour le prosélyte ardent du plaisir, et Constance une courtisane moins intéressée que voluptueuse et passionnée.

A cet âge de cinq ans, mes lecteurs vont sans doute se récrier, et trouver impossible que l'on pût remarquer dans deux enfants, qui ne venaient pour ainsi dire que d'ouvrir les yeux à la lumière, ces indices caractéristiques de la bouillante ardeur de l'amour; rien cependant de plus réel, et je passe aux preuves que je puis en donner.

Constance partageait avec moi les amusements

de la plus tendre enfance; les mains mercenaires
chargées de nous tenir en laisse par la lisière, se
fiant sur nos forces prématurées, nous abandonnaient au hasard, et quand les besoins impérieux
de la nature se faisaient sentir, nous nous ren-
dions mutuellement les services que nos bonnes
auraient dû nous rendre et ceux que je rendrais
volontiers à une jeune fille de 18 ans qui vou-
drait accepter mes soins à cet égard.

Il arrivait très-ordinairement qu'au fort de
nos jeux enfantins Constance et moi avions besoin d'expulser de nous le superflu du fluide :
sur-le-champ celui ou celle de nous deux qui n'é-
tait pas assailli par le même besoin courait au pot
de nuit et faisait pisser son petit compagnon.

C'est donc, dis-je, dans ces charmants instants
que, sans savoir pourquoi, mais guidés par l'impulsion des sens qui commençaient à se manifes-
ter, nous prenions déjà plaisir à examiner la
forme de notre construction. Ce ne peut être sans
doute que l'idée secrète et inconnue du plaisir
qui germe dans nos sens du moment de notre
naissance qui indique aux enfants ce désir qu'ils
témoignent presque tous de s'examiner ainsi. La
vue réciproque de nos petites fesses rondelettes et

de ce joli petit cul qui commençait à se dessiner sous le crayon de la nature, n'était pas l'aimant le plus fort de notre curiosité; ce qui différencie le sexe captivait seul notre attention.

Lorsqu'il arrivait que ce fût moi que Constance se plaisait à examiner, elle considérait avec une attention muette et déjà réfléchie ce petit morceau de chair qui, dans un âge avancé, devient le principe de la génération, souvent la cause de nos disgrâces ou de nos félicités, et qui, parvenu à une longueur et grosseur déterminée, excite les désirs et ravage les sens de la femme la plus vertueuse; c'était pour elle un objet d'étonnement; la petite boule qui l'accompagnait devenait à son tour l'objet de ses regards curieux; elle maniait et remaniait ces témoignages de ma virilité, faisait glisser entre ses doigts innocents les réservoirs du plaisir, sans savoir combien un jour ils lui seraient précieux; puis, se troussant, elle examinait sa petite fente, que je dévorais aussi des yeux, et l'un et l'autre nous passions d'étonnement en étonnement. O nature! voilà de tes jeux.

Quelle est celle ou celui qui ne se reconnaîtra pas dans ce tableau? qui osera m'assurer impunément que ces effets de la nature au premier

âge n'ont fait les délices de leur enfance? La farou-
che et tyrannique décence peut engager les gens
sots ou froids à mentir sur cet article, mais moi,
l'ami brûlant du plaisir et de la vérité, je me plais
à prouver, par les degrés des âges de ma vie, que,
nés au sein des plaisirs, formés pour le plaisir, il
n'est aucun être sur la terre qui s'y soit dérobé.

Jusqu'à l'âge de dix ans, Constance et moi nous
passâmes ainsi notre temps; toutes ces puérilités
qui annoncent une complexion vigoureuse, nous
les mettions en usage, et nous réitérions souvent
nos examens favoris. Nous ne désirions l'un et
l'autre que le moment agréable pour nous de nous
échapper de la portée des yeux surveillants de
nos gouvernantes, qui de leur côté ne deman-
daient pas mieux que de se savoir libres pour pro-
fiter de l'occasion de livrer leurs appas domesti-
ques entre les bras des laquais robustes dont la
maison de nos parents était remplie.

Chaque année qui se renouvelait développait
en nous le germe propagatif de notre existence; à
huit ans, nous nous cachions avec plus de soin
pour nous livrer à nos contemplations. La verge
masculine commençait à se former, les glandes
pinéales à se détacher l'un de l'autre, en baisant

amoureusement les fesses de Constance, que j'avais dédaignées tant que je n'avais été que curieux.

Mon membre commençait à acquérir de la raideur, et Constance rougissait. C'est donc bien mal à propos qu'un écrivain, ennemi des jouissances, a osé publier que l'exemple seul pouvait faciliter la perte de notre innocence, puisque deux enfants élevés ensemble en viennent là machinalement et par degrés, sans autre secours que celui de l'amour et de la nature.

Oui, très-certainement, à l'âge de dix ans, où nous touchions, il ne nous manquait que la possibilité de vaquer physiquement aux travaux charmants de la conjonction et de recueillir le fruit de nos caresses ardentes et passionnées ; mais au moral nous étions instruits; une voix secrète m'avait appris que cette flèche, qui, dans ces moments de divine jouissance, s'allongeait et devenait raide jusqu'à me causer des frémissements involontaires, devait un jour remplir la solution de continuité de Constance: je l'avais déjà essayé en la pressant avec ardeur dans mes bras; mais le temps n'était pas encore venu.

CHAPITRE II.

Le chevalier de Belleval au collége; Constance au couvent; préceptes infâmes des moines pour animer les passions dans le cœur d'un jeune homme; description des passe-temps lubriques des religieuses; occupations voluptueuses de Belleval et de Constance depuis l'âge de dix ans jusqu'à l'âge de quinze; retour à la maison paternelle.

Quelques aperçus des plaisirs secrets que Constance et moi nous goûtions ensemble, toutes les fois que nous en trouvions l'occasion, ouvrirent les yeux des auteurs de notre naissance, et les engagèrent à nous séparer. Je fus envoyé au collége des Bénédictins de la ville de *** et Constance aux Religieuses Visitandines de la même ville, jusqu'à ce que nous ayons acquis cet âge après lequel nous aspirions l'un et l'autre, celui d'être unis. Notre séparation fut amère et douloureuse; des baisers indicatifs témoignaient aux témoins qui

nous entouraient qu'une ardeur interne nous en-
flammaient, et que si nous n'étions pas déjà ran-
gés sous les lois de l'hymen, au moins d'après les
instructions secrètes de la nature, ce n'était que
notre grande jeunesse qui nous avait sauvés de ce
pas si rapide, si glissant, si voluptueux, quand on
se trouve à l'âge que nous devions atteindre en si
peu de temps.

On fut presque obligé de nous arracher des
bras l'un de l'autre; nos yeux étaient humides de
douleur et de plaisir; nos paupières brûlantes
distillaient les larmes de l'ivresse la plus délicieuse, et je crois fermement, d'après les pétulantes agitations dont j'étais dévoré, que si mes adieux
à Constance eussent été reçus par elle dans un
tête-à-tête, que l'amour eût fait un miracle en
notre faveur, que ma jeune et petite amante
m'aurait immolé sur les autels de ce dieu sa virginité mourante, et que, jeune et bouillant sacrificateur, j'aurais avec un courage héroïque
plongé dans les flancs de cette victime l'arme si-
gnificative du plaisir, que j'aurais auparavant
aiguisé sur ses appas; qu'alors des torrents de sang
confondus avec cette liqueur divine dont la source
féconde nous range au nombre des créatures, au-

raient ruisselé sur ses cuisses célestes, que des soupirs étouffés, annonçant notre défaite et la mort la
plus délicieuse, ne nous auraient laissé que la liberté de pouvoir articuler, en confondant nos
âmes ensemble par la voix des plus brûlants baisers, ces paroles expressives : Ah! dieux!.. grands
dieux!... quelle ivresse!... je n'en puis plus!...
cher amant!... tendre amante!.... va.. . va donc!
dieux... dieux... je me meurs!...

Nous nous séparâmes enfin en nous envoyant
par le plus voluptueux des coups-d'œil des assu-
rances réciproques des plaisirs que nous nous pro-
mettions bien d'éprouver ensemble lors de la fin
du pénible exil qui nous était imposé.

Monté dans la voiture qui me conduisit chez les
Révérends Pères Bénédictins, je ne cessai d'y
pleurer; le nom de Constance était toujours sur
mes lèvres brûlantes. Je chargeai les échos de lui
reporter mes soupirs et mes regrets, et je ne m'é-
tais pas encore aperçu de la route, que j'étais déjà
entré dans la clôture redoutable qui m'était pré-
parée et où j'étais attendu.

Qu'on ne s'attende pas que je vais donner ici
un détail ennuyeux du cours de mes études Je
n'écris que pour la volupté. C'est au plaisir que

je consacre mes mémoires. D'ailleurs, mes livres, mes classes me devinrent insupportables, et, quelque temps après, les découvertes que je fis à la suite d'une explosion de tempérament me rendirent encore la maison où j'étais, les visages tartufes et hypocrites que j'étais obligé d'y voir, plus odieux et plus haïssables. Que fut-ce donc lorsque je connus plus parfaitement les inclinations monstrueuses de ces scélérats froqués, leurs penchants abominables. Ah! saint Benoit! saint Benoit! dans quelque coin du ciel que vous soyez niché, si c'est vous qui avez inspiré à vos enfants les horreurs dont ils infectent l'âme de la jeunesse, vous ne pouvez qu'être un monstre indigne du culte que les sots vous adressent, et qu'avec saint François, saint Bernard, le scélérat antiphysicien, d'Ignace de Loyola, méritez d'être chassés ignominieusement du paradis que vous souillez par votre présence impure, à peu près comme on chasse en France, par les décrets d'une constitution sage, les moines fainéants, traîtres et fanatiques, qui nous ont abusés tant de siècles, et qui, le poignard parricide en main, nous ont privé d'Henri IV, le meilleur de nos rois, dont la mémoire doit être pour toute la terre un objet continuel de vénération.

Une après-dîner d'été, que des occupations impérieuses ne m'appelaient point à la classe, je m'étais enfoncé dans les bosquets de mon collége, et je m'y étais, après plusieurs tours, endormi profondément; je rêvais que le moment que je désirais était arrivé, celui de ma réunion avec Constance; nous étions parfaitement seuls; elle jetait sur moi les regards les plus passionnés, et, me tendant les bras avec ivresse, elle m'invitait à cueillir sur son sein, que je trouvais considérablement augmenté depuis que je ne l'avais vue, les myrthes suaves de l'amour; avec quelle volupté j'examinais ces deux globes fermes et arrondis, se soutenant sans le secours de l'art et surmontés du plus joli bouton de rose. J'y collais mes lèvres, je suçai avec transport les deux tetons de ma divine Constance; vous, censeurs si froidement rigoristes qui blâmez l'amour, ou vous êtes aussi faux que la plupart de nos prêtres qui se refusent à l'impulsion de la loi, ou vous n'avez jamais éprouvé les sensations délicieuses de ces moments enchanteurs.

Non, ce feu qui jaillit avec impétuosité de deux cailloux frottés ensemble n'est pas aussi brûlant que les étincelles produites par les baisers que je donnais à la gorge de Constance; ma bouche y comprenait mon âme tout entière, et je ne me relevais de dessus elle que pour respirer la vapeur enflammée de ses caresses précieuses. Bientôt nos deux corps en furent atteints; Constance fermait les yeux ou plutôt ne les entr'ouvrait que pour me laisser apercevoir la langueur dont elle était consumée; nos vêtements nous devinrent importuns; je me débarrassai promptement des miens; les rayons du jour ou plutôt les flambeaux de l'amour éclairèrent à ses yeux ce que c'était qu'un homme dans l'état de simple nature. Je détachai ou plutôt j'arrachai sans ménagement les voiles qui me dérobaient ses appas, et je vis enfin une femme nue; ce n'était plus ce corps jeune, délicat et non formé qu'à l'âge de sept ou huit ans j'avais pris tant de plaisir à contempler; c'était un corps orné de tous ses avantages, qui, n'étant plus uni comme à cet âge si tendre, offrait à mes regards avides les plus superbes reliefs que l'imagination ardente d'un artiste confie à son pinceau habile.

Deux tetons charmants, qu'une chaleur expansive haussait et abaissait, le reste d'un corps où les formes les plus élégantes se dessinaient, des bras que l'amour avait pris plaisir à former lui-

même, un ventre poli, au bas duquel une mousse
légère fixait mes regards. Voilà le trésor que Constance récelait et qu'elle offrait à mes adorations.
Je rendis hommage à cette divine partie de ses
beautés en y appliquant mille baisers. Je décou-
vris enfin le centre de volupté, cette source
ineffable de biens et de maux, en écartant ses
cuisses d'albâtre, et je distinguai à travers la toison qui ombrageait ce canal de délices une couleur vermeille qui m'indiquait le but où je devais
viser. J'y frappai sans balancer; une fureur amoureuse animait mes mouvements, les reins souples
de Constance secondaient mes transports, et après
quelques secousses, nos âmes s'envolèrent, et, re-
venus de la léthargie merveilleuse, nous nous sentîmes inondés de ce nectar flatteur dont sûrement
s'enivrent les dieux aux tables de l'Olympe.

Je jouissais de ce ravissement de délice quand je
me sentis réveiller en sursaut par quelqu'un qui
me poussait rudement. Mes yeux distinguèrent à
la clarté du jour mon régent, que le hasard avait
amené dans cet endroit; je les reportai ensuite sur
moi; mais qu'on juge de ma surprise en m'aper-
cevant de l'état où je m'étais mis machinalement,
échauffé sans doute par la peinture voluptueuse

du rêve que je viens de peindre et qui avait échauffé mon imagination.

Tout en dormant, j'avais probablement détaché les boutons qu'une ridicule décence a sans doute inventé pour emprisonner l'instrument de notre être; ma main, qui cependant n'était pas faite à cet exercice si fréquent dans le jeune âge, s'était emparée de cette cheville, et quand je songeais que je dévorais de baisers les charmes de ma Constance, j'avais frotté et refrotté mon nerf érecteur de telle manière que mes cuisses étaient couvertes de cette essence prolifique que j'avais cru darder dans l'intérieur du bijou séduisant de ma divinité.

Je frémis en examinant l'état où j'étais et ce que je devais appréhender de la fureur de mon régent; je reportai mes regards sur lui, mais je ne distinguai pas dans les siens le courroux que je lui supposais. Cette vue me calma, et j'écoutai sans trouble le discours indulgent qu'il m'adressa :

« Eh quoi, jeune homme, à peine êtes-vous au
« monde que les intentions de la nature se mani-
« festent en vous et que vous vous livrez à ces
« excès; ignorez-vous les dangers auxquels vous
« vous exposez, et qu'une jouissance prématurée

« vous livre aux regrets tardifs de la langueur et
« de l'impuissance? Je vous aime et je vois avec
« douleur que vous vous hâtez de cueillir la fleur
« avant qu'elle soit éclose, ou qu'au moins vous
« travaillez indirectement à la dessécher sur la
« tige. »

On observera que pendant ce préambule le révérend père me rajustait et affectait de replacer
sous le linge de ma chemise l'objet de sa morale,
qui était alors dans un triste état, suite inévitable
de l'éjaculation que mes cinq doigts venaient
d'exercer. Quand je fus tout-à-fait rhabillé, le digne régent m'embrassa, mais plus voluptueusement que je ne l'aurais désiré; je sentis même sa
langue se glisser sur mes lèvres et les humecter
d'une salive brûlante. Je détournai la tête en rou-
gissant, et il continua son discours :

« Oui, mon enfant, ajouta-t-il, nous ne devons
« pas nous exposer aux effets des passions, nous
« ne le pouvons même sans crime; mais c'est
« quand nous avons atteint l'âge de leur irrup-
« tion, par exemple à celui auquel je suis par-
« venu, c'est quand l'homme a atteint toute sa
« virilité, qu'il en peut faire usage. Tenez, conti-
« nua-t-il, puisque la possession du sexe féminin

« nous est interdite, c'est quand le membre que
« la divinité nous place pour éteindre et assouvir
« les irruptions d'un tempérament impérieux est
« parvenu à cette forme, à cette grosseur, à cette
« longueur, que nous pouvons, sans craindre de
« contrarier les vues de la Providence, nous li-
« vrer au besoin du plaisir. »

Alors le révérend troussant sa robe me montra
un priape d'une grosseur démesurée, enveloppé
dans une épaisse et noire fourrure, et y voulut
porter doucement ma main, dont il s'était emparé
pendant le cours de sa pathétique exhortation.

Je la retirai précipitamment, puis jetant les
yeux sur sa figure enflammée de l'ardeur la plus
lubrique, j'examinai ses yeux qui ressemblaient à
deux tisons ardents; je le quittai et le laissai se
manuéliser s'il lui plut et achever un office qu'il
attendait d'une main que je consacrais à procurer
à Constance l'ivresse de l'amour, et depuis ce
temps j'évitai ses approches. O parents impru-
dents, qui établissez votre confiance en ces satyres
déréglés, ces penaillons luxurieux, envoyez vos
enfants au collége, et surtout chez des moines, il
en est peu qui ne rapportent au sein de leurs fa-
milles le poison infect des vices les plus honteux.

A quelque temps de là, je reçus une lettre de
ma chère Constance. Elle m'adressait les expressions de l'amour le plus tendre; elle m'y peignait
les occupations du cloître, et je distinguai dans sa
narration que la chasteté était une vertu totalement exilée des convents de filles comme des cou-
vents d'hommes, que l'impureté et la lubricité
étaient les bases de l'instruction que les uns et les
autres donnent à leurs élèves. Jugez-en avec moi.

LETTRE DE CONSTANCE

AU CHEVALIER DE BELLEVAL.

« Combien je languis, mon cher petit mari,
dans l'infâme prison où mes parents m'ont relé-
guée. Ne vous point voir augmente mon supplice;
il est effroyable, et surtout depuis que mon cœur
me parle d'une manière bien plus intelligible et
que je sais enfin à quoi m'en tenir sur l'emploi
précieux que nous pourrions faire ensemble de
nos moments, si nous en avions la liberté. Je suis
femme, oui je le suis, et je n'en puis douter, depuis trois mois que la nature m'en donne régulie-
rement, aux mêmes époques, des preuves incon-
testables, par le désagrément auquel notre sexe

est assujetti, et qui, après nous avoir fait jouir de nos droits de femme, nous conduit insensiblement à nous faire jouir des droits de mère.

« Si je pouvais me méprendre à ces signes dont je me suis fait expliquer la force et l'essence par une jeune religieuse du couvent, pour laquelle j'ai la plus forte inclination après vous et dont je vous expliquerai les causes, je ne pourrais de même me tromper à la violence de mes désirs; ils sont extrêmes, et je brûle après l'instant qui doit nous réunir.

« Savez-vous, mon cher chevalier, que nous touchons l'un et l'autre à notre quinzième année, que je ne suis plus ignorante, et que lorsque je pense à vous, ce qui arrive à presque tous les ins-tants, j'ai trouvé le moyen, à l'aide de cette même religieuse, de charmer les ennuis de l'absence. Elle m'a mise au fait du mécanisme de la nature, que nous avons si souvent médité sans le compren-dre, et je connais à présent parfaitement l'usage de cette partie de votre corps adhérente que j'ai maniée tant de fois, et que la sœur Angélique m'a dit se nommer la verge masculine, autrement le membre par excellence; nous avons essayé de même ces attitudes charmantes et voluptueuses

que l'homme et la femme emploient en se livrant
aux mystères de l'amour.

« Et sœur Angélique m'a prouvé, dans ces délicieuses conférences, qu'elle était excellente pra-
ticienne, et qu'il ne lui manquait que ce membre érecteur, ce membre précieux et divin, pour
me procurer les charmes ravissants et inexpri-
mables de la jouissance; il est vrai que d'un doigt
léger elle suppléait à cet outil miraculeux, qu'elle
en chatouillait l'orifice de ma fente, qui commence
à se garnir d'un duvet argentin et frisoté, que
dans ces moments d'ivresse et fortement entrela-
cées, nos âmes quittent la région terrestre, que
nous sommes dans un anéantissement inconceva-
ble; ah! cher et aimable chevalier, que serait-ce
donc si ce nerf que vous possédez s'introduisait
dans ce trou, que la sœur Angélique appelle en
folâtrant ma jolie blonde moniche; oui, aimable
ami de mon cœur, si l'extrémité de ce membre
frottait amoureusement ce petit bouton qui se
raidit sous les doigts de mon amie de clôture, au
lieu de renaître à la lumière comme avec elle,
l'amour et le plaisir nous fermeraient totalement
les yeux, et nos sens engourdis et privés de leurs
facultés, par une jouissance aussi vive, ne pour-

raient, au moins j'aime à me l'imaginer, plus nous procurer d'aussi fortes sensations.

« Vous allez donc quitter le collége et moi le couvent; l'âge de quinze ans est le terme prescrit par nos parents pour nous rappeler auprès d'eux. Pendant l'espace de temps qui nous reste à franchir pour y arriver, méditez sur ma lettre, désirez comme moi l'instant de nos embrassements. Dieux ! quelle satisfaction de pouvoir examiner en vous les chefs-d'œuvre de la nature, de remonter sous ma main active et légère, la verge masculine et de jouir par son intromission de la réalité du plaisir, dont sœur Angélique ne m'a donné que l'ombre. Je ne puis penser à cette situation enchanteresse sans être consumée de tous les feux de l'amour; je brûle; le salpêtre et le bitume circulent dans mes sens, un délire convulsif embrase mon imagination, et je suis obligée de quitter la plume pour me servir de mon doigt et soulager mon martyr amoureux.

« Pardonnez-moi, je vous supplie, cette légère infidélité. Adieu, mon cher chevalier, ô vous que j'adore, je meurs d'amour pour vous, etc., etc. »

On voit par cette lettre de Constance que ses dispositions équivalaient aux miennes; à la vérité, ses expressions annonçaient plutôt une libertine amoureuse par tempérament que par sentiment; elle avait succombé aux caresses déréglées de la sœur Angélique, et j'avais résisté aux avances lubriques de mon régent; j'en avais été épouvanté, saisi d'horreur, mais l'ivresse des passions, qui commençaient à me maîtriser, me fit glisser sur cette observation. J'adorais trop Constance pour outrager ses sentiments et ternir sa sagesse. Les plaisirs qu'elle m'annonçait dans sa lettre me tenaient lieu de tout, et je n'aspirais qu'au moment délicieux où je jouirais de sa possession.

En attendant cette précieuse époque, je palpais en imagination les ravissants appas que ma divinité m'avait offerts en songe dans le bosquet où j'avais été surpris par mon régent; alors en connaissance de cause, je me plaisais à frotter avec mes doigts le nerf érecteur qui avait été l'objet de la luxure effrénée de ce prêtre impur, les bulbes qui l'accompagne se gonflaient, je tombais en extase, et cette demie jouissance m'enivrait et me donnait une idée à peu près directe de la jouissance complète qu'éprouvent deux personnes de sexe différent confondus l'un dans l'autre.

Enfin arrivèrent mes 15 ans, ce terme tant désiré, et je quittai le collége aussi savant que quand j'y étais entré. Je ne crois pas que le Créateur m'ait obligation des actes de religion et de bigo-tisme qu'on m'a fait consommer. Ma Constance, voilà l'être suprême que je voulais. La publicité de mes jouissances, ma seule et unique confes-sion, l'amour et le plaisir, les objets du culte et mes divinités. C'est dans ces sentiments que je passe à mon retour à la maison paternelle, et mes premières paroles furent de m'informer de Cons-tance. Elle m'avait précédé chez sa mère. J'y vo-lai. Amour, divin amour, voilà l'intéressant de notre vie. Comment parviendrai-je à la décrire?

Effets naturels du plaisir depuis 15 ans jusqu'à 25, âge des plaisirs.

Même air ;........ Ce fut.....

A quinze ans, saison des amours,
Le cœur parle un tendre langage;
On commence à voir d'heureux jours
Et l'on n'a plus son pucelage.
Chaque jour le nerf érecteur,
Levant son orgueilleuse tête,

Prend une nouvelle vigueur
Auprès d'une belle poulette.

Bientôt les attraits du plaisir
Sans cesse enflamment notre audace.
Tout con irrite nos désirs,
Cul, motte, tetons et tetasses;
L'on fout sans rime ni raison;
Qu'importe, pourvu qu'on enconne.
Jeune homme alors gare au poison,
L'amour quelquefois empoisonne.

Comment résister aux appas
Qu'expose à nos yeux une belle;
Quand elle nous presse en ses bras,
Qui peut soupçonner la cruelle.
A cet âge vivre et mourir,
Ah! quel délicieux délire!
Pour me faire un nouveau plaisir,
Dès que j'enfonce elle soupire.

CHAPITRE III.

Entrevue lubrique de Belleval et de Constance; don réciproque d'un pucelage; description de cette scène amoureuse; infidelités mutuelles depuis l'âge de quinze ans jusqu'à celui de vingt.

Ce beau jour, ce jour si charmant, arriva donc au bout de quelques-uns, que Constance et moi fûmes de retour, elle de son couvent et moi de mon collége. Ces journées-là nous avaient paru des années; l'expression du désir était dans nos yeux; à notre approche nous éprouvions tous les frémissements de l'amour, et nous ne songions qu'à pouvoir offrir à ce dieu un hommage qui fût digne de lui.

Je brûlais apres cet instant, lorsqu'il se présenta; il s'en fallut peu que notre trouble et notre ravissement n'apportassent un obstacle sensible à cet acte de première jouissance.

J'avais quitté la compagnie à l'issue du dîner, on me croyait même sorti du logis, quand Constance, sous le premier prétexte, ou seulement pour se récréer, sortit pour aller prendre le frais au jardin. Ses parents et les miens faisaient un whist et comme les yeux de la défiance n'étaient point ouverts sur nos actions, que notre âge paraissait nous rendre incapables d'exécuter ce que nous étions résolus à entreprendre, on ne s'aperçut seulement pas de notre commune éclipse.

On va sans doute s'étonner de la hardiesse de Constance, une fille de quinze ans, élevée dans un couvent jusqu'alors, osant se débarrasser de ses chaussures pour monter à petit bruit dans la chambrette d'un jeune homme de mon âge, qui l'attendait avec la plus vive impatience; mais après les expressions de la lettre qu'elle m'avait écrite de son cloître, après les témoignages brûlants qu'elle m'avait donnés de sa passion et de l'envie qu'elle avait de conclure avec moi la défaite de sa virginité, cet étonnement ne pourra que cesser.

Constance frappa doucement à ma porte; je tenais en main un livre que j'avais ouvert au hasard, plutôt par désœuvrement que par besoin de lecture; je tressaillis en l'entendant et je courus lui ouvrir.

Elle n'eut pas sitôt mis les pieds dans cet asile destiné à nous donner les premières caresses et les premiers témoignages des feux dont nous étions embrasés, que je courus fermer le verrou sans qu'elle y apportât la moindre résistance; nos desseins étaient les mêmes ; ses joues étaient colorées de ce vermillon séduisant que l'art des petites maîtresses ne peut imiter, et je ressentais les symptômes de vigueur qui décèlent un jeune et ardent combattant, qui se dispose à entrer pour la première fois dans l'arène amoureuse du plaisir et du libertinage.

Je pris ma Constance entre mes bras et la posai sur mon lit; la jolie friponne ne se défendit pas de ce procédé de ma part; au contraire, me passant les bras autour du cou, elle m'appliqua le baiser le plus ardent sur la bouche, et je m'aperçus alors que la sœur Angélique, qui lui avait donné au couvent de si jolies instructions, n'était pas plus retenue que mon régent de collége, car elle me glissa sa langue entre mes lèvres, et j'avoue à cet égard que je ne m'attendais pas à cette espèce de baiser que je lui rendis cependant, tant mon ivresse égalait la sienne.

Je ne sais pas comment je ne mourus pas de

plaisir en recevant et en rendant des baisers aussi délicieux; nous en restâmes enivrés pendant quelques minutes, pendant lesquelles nos sens etaient plongés dans le délire. Heureuse situation ! pourquoi n'es-tu pas toujours existante, et quel genre de supplice de dépeindre ce que l'âge avancé ne me permet pas d'éprouver!

J'avais ressenti mille délices lorsque j'avais rêvé que les appas de Constance étaient à ma disposition dans les bosquets du collége des Bénédictins; je touchais au moment de réaliser cette scène enchanteresse; le temps que nous avions à employer s'écoulait comme l'ombre; je me ressouvins de ce que j'avais exécuté en songe, et de gradation en gradation, je m'occupai d'en remplir tous les points. Une gaze incommode me dérobait la vue parfaite de la gorge de Constance, je la débarrassai de ce tissu tyrannique qui retenait prisonniers les deux plus beaux tetons de 15 ans que la nature ait jamais formés, je la délaçai; mais bientôt ému, transporté de cette fureur amoureuse qui ne connait aucunes bornes, je la déshabillai entièrement, et en un clin d'œil cette charmante opération fut terminée.

Que faisait cependant Constance ? Le croiriez-

vous, mes lecteurs, elle me rendait le même service, autant que l'activité de ses mains et la pétu-
lance de ses désirs le lui pouvaient permettre. En
un moment toutes nos hardes furent éparses sur
le plancher; il ne nous restait plus que notre chemise; nous nous hâtâmes de la jeter loin de nous
avec le reste, et chacun de notre côté nous dévo-
râmes des yeux les beautés qui s'offraient à nos
regards lascifs et empressés.

Est-il en effet un coup d'œil plus enchanteur,
un spectacle plus imposant pour deux jeunes personnes qui touchent au premier moment de la
jouissance que la vue de ces beautés après lesquelles ils soupirent depuis longtemps?

Nous étions extasiés, saisis d'admiration vis-à-
vis l'un de l'autre; les tetons de Constance fermes
et séparés servaient de ralliement à mes regards,
qui se perdaient dans l'immensité de leurs perfections. Ce bouton naissant qui semblait m'invi-
ter à le cueillir était l'objet de mes hommages;
mais à quoi donner la préférence quand je par-
courais ensuite avidement son ventre poli par les
grâces, sa motte grassette et rebondie, ombragée
d'un poil ou plutôt d'un léger duvet blond, qui
semblait servir de retranchement à la forteresse

que je devais attaquer et prendre d'assaut; ses
cuisses faites au tour et généralement tous les
charmes que je passais en revue. J'aurais voulu
tripler mon être, afin de pouvoir rendre un hommage particulier à chacune de ces perfections;
mais, hélas! je ne possédais qu'un sacrificateur,
je n'avais qu'un membre viril à offrir à ces différents appas, et comment la vue de ces miraculeuses
beautés ne l'aurait-il pas rendu ferme, long, tel enfin qu'il devait être pour triompher du pucelage de
ma Constance? Comme il était en ce moment l'u-
nique objet des désirs de mon amante, elle y
avait porté les mains, et soit que ce fût l'effet de
ses attouchements voluptueux, soit que ce fût
celui de son extrême extension, soit enfin que le
moment fût venu, la tête de ce membre, qui allait
sous quelques minutes jouer son premier rôle que
l'amour libertin offre à ses sectateurs, avait brisé
les liens qui le retenaient captif, et la peau du prépuce s'était rejointe à tout le reste; j'étais enfin
dans l'état où se trouve maintenant nos prêtres
infidèles, j'étais décalotté. Je n'en avais pas encore
reconnu l'effet, je n'avais pas encore vu la tête
d'un nerf érecteur dans toute son étendue, et
j'admirais avec Constance cet effet prodigieux où

dans un seul moment ma verge venait d'être le but d'un miracle bien plus flatteur pour moi que celui de la verge de Moïse.

L'heure du berger sonnait; ma Constance, en découvrant voluptueusement le cadran, m'invitait d'y placer l'aiguille; mais, ô chagrin sans pareil, à notre première tentative, ce qui devait être le soupir fut un cri de douleur, et cependant j'avais avancé l'ouvrage de quelques jours; ma Constance éprouvait les plus horribles tourments, et cependant, mourante de plaisir, elle me priait avec ivresse de lui ravir le reste de sa joie. O courage! ô Constance héroïque! eh quoi, dans ce moment critique, comment pourrais-tu préférer le plaisir à la douleur?

Quelques gouttes de sang que nous sentîmes couler le long de nos cuisses nous annoncèrent que le vainqueur ne tarderait pas à entrer avec gloire dans la domination qu'il s'était choisie; mais jeunes sans expérience, nous ne nous étions pas aperçus que la posture où nous étions nous était incommode; un oreiller que je posai sous les reins de Constance facilita l'entrée de ma flèche dans le sanctuaire de l'amour. J'y fus reçu en conquérant aimable; quelques coups de fesses de

mon amante m'assurèrent que j'étais au comble
du bonheur et de la félicité, que la volupté m'a-
vait ouvert ses portes. Que dis·je, ah! je ne tardai
pas à m'en apercevoir moi-même à la liberté que
mon aide-de-camp avait d'aller et de venir dans
ce temple du plaisir; mes muscles se gonflèrent,
j'y seringuai l'essence précieuse de la vie, et ma
Constance, qui avait déjà coopéré à cet acte libi-
dineux, était ensevelie dans cet évanouissement
si cher, où les mortels sont égaux aux dieux mè-
mes.

Je m'en rapporte aux candidats, aux ingénues
élèves de la nature, non, ce n'est point à ces premiers moments d'ivresse qu'il est possible de se
replonger dans ce charmant délire; les désirs de
jouissance se succèdent avec trop de rapidité;
aussi nous nous reposâmes, ou plutôt, sans continuer l'exerce fatigant que nous venions de faire,
Constance et moi, nous nous occupâmes à faire la
revue des charmes que nous découvrions l'un
dans l'autre. Elle examinait la forme, la longueur,
la grosseur de l'objet de ses ardents plaisirs, car
il n'avait rien perdu de sa majesté; elle chatouillait avec grâce les témoins authentiques des
prouesses de la verge masculine; quelques poils

semés çà et là sur ces globes génitaux captivaient aussi son attention, et elle ne pouvait concevoir comment l'espace de dix années avait pu former des trésors aussi admirables pour elle.

De mon côté, je maniais et remaniais la gorge de Constance; ma main libertine parcourait toutes les parties de son corps, je les couvrais de baisers, et ce premier moment où je signalai mes transports amoureux fut aussi le *nec plus ultrà* de la lubricité, car, inspiré par je ne sais quoi, qui m'indiquait en un seul moment toutes les ressources ingénieuses du plaisir, je glissai ma langue dans les lieux d'où mon aide-de-camp venait de sortir en triomphe, j'en promenai le bout sur une éminence que j'y rencontrai. Constance tressaillit; un coup de cul qu'elle donna m'apprit la nature du plaisir que ce principe de la parole lui procurait. Je continuai ce charmant badinage; bientôt une seconde extase aussi charmante, aussi délicieuse que la première, fut le fruit des mouvements réiterés de ma langue; je recueillis la céleste ambroisie distillée par les canaux du plaisir avec les restes précieux de ce sang que j'avais fait couler pour ma satisfaction et pour la sienne.

Mes désirs, irrités par ce nouveau moyen de

jouir ne furent plus contenus; j'enlevai Constance de la place où je l'avais mise, je la retournai et je rendis à ses deux jumelles, à ces fesses adorables, le même hommage que j'avais adressé **aux autres** parties de son corps, et nous étions prêts à recommencer le second acte de notre capitulation, lorsqu'une voix aigre qui appelait Constance par toute la maison, nous engagea à signer une trêve et à nous rhabiller promptement. Nous le fîmes avec beaucoup de regret, et un escalier dérobé qui donnait sur le jardin l'y conduisit, d'où elle rejoignit la compagnie, en s'excusant du mieux qu'elle le put sur les motifs de son absence.

Je ne tardai pas à reparaître; nous rougîmes tous deux à la vue l'un de l'autre, comme si nos yeux eussent dû nous trahir, et qu'en nous voyant on eût dû deviner que ma Constance, ma divine Constance, n'était plus pucelle et que j'étais le mortel heureux qui venait de cueillir son pucelage en lui donnant le mien.

Quiconque s'établira juge de mon tempérament et de celui de Constance ne tardera pas à prononcer, d'après la peinture expressive de cette première séance, que le sien annonçait une prêtresse dévouée au libertinage, et que je serais moi-même un zélé partisan de la débauche. C'est ce que nous ne tardâmes pas à prouver l'un et l'autre en nous faisant mille infidélités; mais ce qui paraîtra sans doute plus étonnant, c'est que nous le sûmes, et que loin de nous quereller, nous en plaisantâmes et ne nous gênâmes point.

Ma mère avait à sa table un espèce d'abbé, plus savant sur le code de Cythère que sur le rituel ecclésiastique, et qui avait prêté plus de serments aux genoux d'une jolie femme que sur le décret de la Constitution; il est vrai que pareils serments étaient aussi faux que ce dernier l'aurait été. La politique ou l'intérêt en auraient rédigé tous les articles, mais cela ne doit point étonner, l'agent sacerdotal, en recevant les ordres sacrés d'un prélat ambitieux, a toujours formé intérieurement le dessein de sacrifier son honneur et sa religion à ces deux passions, et l'abbé de Gerville était de cette trempe.

L'abbé de Gerville endoctrina Constance; je le sus et j'en plaisantai. Si quelque chose me chagrinait dans cette escapade de ma jeune amante, c'était d'avoir pour rival un faquin d'ecclésiastique, un intrigant en manteau court, qui n'avait, comme la plupart de ses dignes confrères, d'autre revenu que les bienfaits d'une femme bigote qu'il avait séduite et qu'il escroquait tout en déshonorant sa maison. Je ne sais pas même où j'aurais porté mon ressentiment si dans ce temps mon cœur n'avait été tout à la fois occupé de deux fortes passions que m'avaient inspirées deux femmes de chambre de ma mère, Sophie et Louison. Sophie avait 24 ans et était une de ces blondes languissantes, qui annoncent et ont en effet plus d'amour que de lubricité. Louison, au contraire, était une brune piquante de l'âge de 20 ans, qui avait voué tous ses sentiments au libertinage, et qui en avait fait volontiers le principe de toutes ses actions.

Je n'avais pas eu beaucoup de peine à triompher d'elles, et connaissant leurs caractères, je m'y étais pris d'une façon totalement différente. J'avais soupiré quelque temps auprès de Sophie, et j'avais agi auprès de Louison. Louison s'était glissée dans ma chambre sans se faire prier, et j'avais non sans quelque résistance obtenu la permission d'aller trouver Sophie dans la sienne. J'avais trouvé en elles des beautés différentes. Louison, quoique moins âgée, était beaucoup plus formée que Sophie, et en faisant l'analyse de ses appas, j'avais déjà découvert que cette grotte charmante, par où son pucelage s'était exhalé, avait déjà souffert plus d'une attaque; les lèvres de cette partie que convoitent tous les hommes avaient perdu le vermeil de leur couleur et commençaient à se former; sa motte abondamment fournie d'un poil noir et épais paraissait être bouclée par l'excès des jouissances; ses tetons n'étaient pas aussi fermes que ceux de Sophie, sa bouche n'était pas aussi fraîche que celle de Sophie, sa peau était bien moins veloutée, ses fesses témoignaient par une certaine mollesse qu'elles avaient été plus caressées que celles de Sophie, et cependant je préférais Louison à Sophie.

Qu'on me demande la raison de la bizarrerie de ce contraste, la voici : c'est que Louison était de complexion plus chaude, plus lubrique, plus sensuelle, plus voluptueuse et infiniment plus amoureuse ; c'est qu'un jeune homme qui ressentait le besoin d'être initié à tous les mystères du plaisir, ce n'était plus l'amour qui me conduisait, c'était la volupté. Et qui mieux que Louison pouvait m'en faire connaître toutes les variations, postures ménagées avec art, baisers lascifs, secousses du poignet vives ou ralenties, coups de

langue ardents ou passionnés, mobilité de char-
nière, tout en cette fille adorable était charmant.
Avec quel art, ô Priape, ô toi qui nous guide au
suprême bonheur, cette infatigable patricienne
des plaisirs que tu inspires savait au moment de
l'éjaculation en retenir l'effet en détournant, par
un mouvement de croupion, ménagé avec art,
l'effusion de la liqueur spermatique en la faisant
rentrer au milieu du canal d'où elle était prête à
s'élancer avec tant d'ardeur. Oui, dans ces moments convulsifs, Louison n'était pas une simple
mortelle, c'était une déesse embrasée de tous les
feux de l'amour et qui savait en entretenir la
flamme et en ménager l'explosion.

Mon but n'était pas cependant rempli; je voulais célébrer mon orgie, et que Louison et Sophie
m'aidassent ensemble à en faire les honneurs.
J'eus quelque peine à leur persuader de se prêter
à cette scène voluptueuse; mais après quelques
débats, si je dois les en croire l'une et l'autre, la
passion qu'elles avaient pour moi les détermina,
et au premier jour propice, vers les onze heures
du soir, elles s'introduisirent dans mon appartement.

Louison, plus prévoyante que moi, qui ne pensais qu'aux plaisirs, et qui, dans la fougue d'un tempérament robuste, ne songeais qu'à le satisfaire, avait été faire un tour à l'office et avait obtenu du maître d'hôtel, qui sans doute était mon adjoint, une couple de bouteilles d'un excellent vin propre à réparer les forces épuisées, et quelques tranches de jambon. Je ris beaucoup à l'aspect de cette attention de sa part; nous mangeâmes un morceau, bûmes quelques verres, puis je proposai à mes deux friponnes de tirer au sort laquelle des deux éprouverait la première les effets de ma vigueur.

Deux pailles artistement coupées me servirent pour cet objet, et le sort tomba sur Sophie, à qui j'expliquai mes voluptueuses intentions ; elles consistaient à se laisser déshabiller totalement par Louison et par moi, à se laisser exploiter ainsi nue, pendant que Louison serait la gardienne de notre buffet et notre pourvoyeuse, ce qu'elle-même serait obligée de faire, pendant qu'à son tour Sophie se prêterait à mes embrassements luxurieux. Louison accepta le diplôme, mais j'eus quelques scrupules à vaincre de la part de Sophie, qui ne céda qu'à la violence que nous lui fîmes en la dépouillant de ses vêtements.

Quel beau corps que celui de Sophie ! quels trésors je vis à découvert! Le ciel ouvert, la majesté éblouissante du Créateur, environné des rayons de sa gloire, n'en peut offrir de pareils. Quelles proportions ! quelle gorge ! quels tetons ! quel ventre! quelle motte! quelles fesses! quelles cuisses et quel ...! Ah! je m'arrête en ce moment, une éblouissante ardeur me transporte, je me précipite sur Sophie, je l'embrasse, je lui insinue l'argument de la volupté. O ma Sophie! ô mon ange! reçois mon âme ! Elle se dissout et se confond parmi les torrents de la chaude liqueur dont je l'inonde....

Pendant ce temps, Louison avait cessé d'être spectatrice, et, en habile et prudente fonctionnaire, elle était à la table, qui nous versait à boire. Cette jouissance consommée, à peine Sophie était-elle hors de mes bras, que Louison eut le même sort. Je ne décrirai pas avec quel agrément cette aimable enfant de l'amour sut m'y retenir; quatre fois elle reçut l'abondante effusion du plus pur de mon sang, et me rendit l'échange. L'heure de nous séparer étant venue, nous nous séparâmes tous les trois fatigués, mais également satisfaits l'un de l'autre.

CHAPITRE IV.

Belleval en garnison ; Constance à Paris ; ce que devinrent nos deux amants dans ces différents séjours ; conduite libertine jusqu'à l'âge de 25 ans.

J'atteignais ainsi que Constance ma vingtieme année, et chacun de notre côté nous volions de plaisirs en plaisirs. Toujours follement entêtée de son abbé de Gerville, elle ne respirait que pour lui. Je ne m'en étonne plus maintenant que l'école du grand monde m'a enseigné tout le libertinage dont est pourvue cette espèce calotine ; rien de si scélérat en amour qu'un abbé. C'est une vérité reconnue de tous les temps.

On préparait mon équipage pour rejoindre ma garnison, et le régiment dont je venais d'être nommé lieutenant. Adieu Constance, adieu Sophie, adieu Louison ; je n'aspirais qu'au moment de mon départ et aux plaisirs qui m'attendaient dans une ville éloignée de la mienne, où j'allais être totalement mon maître.

Pendant que je me disposais gaiement à aller habiter un nouveau séjour, Constance sentait remuer dans son sein le germe criminel des caresses impudiques de son cher calotin; bientôt elle n'allait plus oser lever les yeux dans notre province, de sorte qu'ayant communiqué ses craintes à ce monstre ecclésiastique, il lui donna les plus exécrables conseils; et un beau matin, ayant soustrait les bijoux de sa mère, ils firent ensemble un trou à la lune, et telles perquisitions que sa famille, la mienne et moi ayons faites, nous ne pûmes découvrir leurs traces. Ce ne fut que bien du temps après et par hasard que je la retrouvai au sein de la capitale, et que j'appris de sa propre bouche les infâmes excès de son libertinage, que je vais mettre sous les yeux de mes lecteurs, pendant qu'on ferme mes malles et que ma chaise de poste s'apprête. Je rendrai compte ensuite de mes aventures de garnison.

J'ai dit que Constance était grosse et que l'abbé de Gerville l'enleva pour la conduire à Paris, dans le dessein de lui manger ou de lui voler les bijoux qu'elle avait emportés à sa mère. Ce trait n'est pas rare dans un méprisable ministre de l'Eglise; plus d'un s'est signalé dans de semblables forfaits. Constance ne tarda pas à se repentir de sa fuite; en arrivant, elle se livra aux plaisirs effrénés de la débauche et de la lubricité; méprisant souverainement l'objet qui avait pu la réduire dans l'état où elle se trouvait, elle ne rougit pas de livrer ses appas aux fréluquets dont cette grande ville est pourvue; et le temps de sa grossesse étant arrivé, l'abbé, l'infâme abbé, saisit ce moment pour la dévaliser et la laisser sans ressources au milieu de Paris. Qu'on me permette d'employer ses expressions pour dire ce qu'elle devint. C'est maintenant Constance qui parle :

« Après la lâche et honteuse fuite de l'abbé, toute autre que moi se serait trouvée abattue par le désespoir; mais point du tout. Je regrettai plutôt la perte de ma petite fortune que cet indigne suborneur; j'avais lu l'histoire du fameux Dom-Bougre, portier des Chartreux, *Thérèse philosophe*, *la Religieuse en chemise* et mille autre livres de cette espèce. J'y avais remarqué les moyens employés par les filles libertines qui s'étaient trouvées dans le même embarras que moi.

« A peine eus-je fait déposer mon enfant dans

l'hospice destiné à recevoir les orphelins infortu-
nés et que je fus relevée de mes couches, que je
changeai d'hôtel et me transportai dans un do-
micile où de tous temps avaient logé des femmes
prostituées, c'est-à-dire au bordel. Le matin, je
faisais des parties, et au déclin du jour, postée en
sentinelle sur le seuil de ma porte, j'y toisais les
passants d'un regard lubrique et effronté, et les
invitais à venir recueillir le suc précieux de mes
faveurs amoureuses, je ne dirai pas le poison infect de la vérole, car Vénus sans doute préside au
soutien de mon existence, puisque dans la multiplicité d'hommes à qui j'ai livré sans réserve la
possession de mes charmes je n'ai reçu d'aucun
ce tribut de la prostitution.

« Elle est innombrable la multiplicité d'aventures qui me sont arrivées dans ce charmant
état. J'en donnerai quelque jour un détail circonstancié et me plairai à décrire toutes ces pail-
lardises de ceux qui viennent au bordel, à prix
d'argent, essayer de retrouver leurs forces épuisées.

« Tantôt un vieil abbé prenait plaisir à mar-
motter ses patenotres sur mon ventre nu et à baiser dévotement la relique qui était au bas, tandis

que d'un poignet robuste je secouais un membre flasque, dont rarement il m'était possible de soutirer quelques gouttes du précieux élixir dont la source était tarie.

« Quelquefois un autre prenait mes fesses pour l'objet de son culte, et de mon cul faisait un autel; c'était sur ce trou de l'amour qu'il répandait ses libations et consommait le sacrifice, sacrifice de sa part infiniment plus pieux et plus sincère que ceux que ces tartuffes offrent à la divinité.

« Le bourgeois, le robin, le militaire, le financier, tout était admis dans mon temple, dont j'étais seule la déesse. Jamais sanctuaire ne fut mieux desservi; il est vrai qu'à l'exemple de ceux du catholicisme nul n'en sortait sans laisser son offrande en argent. Ce n'étaient pas les chaises qui se payaient chez moi, mais bien la vue et le maniement du plus joli des tabernacles.

« J'ai dit que le matin je faisais des parties ; comme je sortais un jour pour aller faire pousser quelques soupirs à un vieux financier, à qui on n'en avait rarement arraché qu'à l'aide d'un poignet vigoureux ou d'une poignée de verges, je fus abordée par le père procureur des capucins de la rue St-Honoré, qui, en trois mots, me dit à l'o-

reille que quoique son état ne lui permit pas de
porter de l'argent, je n'avais qu'à me rendre dans
la même matinée à son couvent, que je serais
contente, et que je pouvais le demander sous prétexte de la confession.

« Pareille aubaine n'est pas à refuser; de l'argent et un moine, quelle journée délicieuse! Je
me rendis au rendez-vous et fus introduite par le
révérend père lui-même de l'église à son oratoire
où il me conduisit et très-mystérieusement; mais,
ô comble des voluptés, au lieu d'un moine, ils
étaient deux. Quelle récolte abondante, je m'en
souviens toujours avec ivresse.

Qui n'a jamais été foutue par un moine n'a
point connu le plaisir, ou du moins n'en a qu'une
imparfaite idée; c'était à qui s'empresserait le
plus des deux à me contenter. La question était
de savoir qui commencerait à jouir de ses droits;
je les mis d'accord en jetant moi-même le mou-
choir. Le préféré m'assit d'abord sur ses genoux,
tandis que l'autre, tout aussi ami de la bouteille
que des plaisirs des sens, alla nous chercher des
restaurants.

Celui que j'avais choisi pour lutter le premier
était trop avare des plaisirs pour assouvir sur-le-

champ sa passion, aussi, fourrant son doigt dans la source de Priape, dans la fontaine de Jouvence, dont il entr'ouvrit préalablement les bords, le vieux barbichon en fit couler la liqueur divine avec toute la grâce d'un danseur d'opéra. Cette manière agréable ne m'était pas inconnue, mais elle m'était toujours nouvelle; il n'est pas nécessaire de me demander quelle était pendant ce temps mon occupation; je rendais le même service au pénaillon, et le vieux coquin rendit presque en même temps les derniers soupirs de la volupté.

« Je rouvrais les yeux quand rentra le compagnon de mon masturbateur, mais dans le plus plaisant équipage qui se puisse deviner et dont on se soit encore imaginé. Le frocard nous apportait de quoi boire et manger; mais je ne pus m'empêcher de rire aux larmes, lorsque je m'aperçus qu'il avait suspendu son seau à rafraichir le jus de la treille sur un membre nerveux de huit à neuf pouces de long dont la tête rubiconde menaçait le bijou qui s'offrait à ses regards. Cet heureux pronostic redoubla ma gaieté; je n'en devins que plus ardente et plus passionnée. Les deux pères m'attaquèrent presque en même temps, et tandis que l'un s'emparait du poste, l'autre montant à califourchon sur moi lâcha sa bordée entre mes deux tetons.

« Bien et dûment payée, je regagnai mon logis. Pendant l'espace de cinq années, je continuai ce commerce sans qu'il m'arrivât rien de remarquable, et ce fut pendant le cours et vers la fin des cinq suivantes que je revis mon cher Belleval à Paris. »

Voilà ce que j'appris de Constance elle-même, comme je l'ai déjà dit, et quelles furent ses occupations pendant l'espace que je fus à la garnison, pendant le premier séjour que j'y fis, qui fut de sept années consécutives, à l'exception de quelques voyages que je fis chez mes parents.

Depuis l'âge de 20 ans jusqu'à celui de 25, rien d'extraordinaire ne se passa dans mon existence. Quelques coureuses de garnison reçurent mes caresses; je voulus entretenir et me mis à la mode des jeunes officiers; je bus, je jouai et perdis mon argent, suivant l'usage; tout le monde sait que les officiers de fortune redresse ceux qui en ont davantage qu'eux; j'eus ce sort et je ne m'en plains pas.

Je vais donc passer à ce qui nous arriva à Constance et à moi depuis l'âge de 25 ans jusqu'à celui de 35, âge où l'homme et la femme dans toute leur vigueur offrent le tableau le plus vrai de la force des passions. De combien de plaisirs différents je vais peindre les nuances, que de jouissances multipliées je vais reproduire! Oh! que n'ai-je le pinceau divin et enchanteur de l'Arétin, mes phrases couleraient de source. Priape sourirait à mes expressions; les hommes galants, les roués, les libertins, deviendraient mes imitateurs, et les courtisanes les plus lubriques et les plus expertes dans le grand art de la jouissance se modèleraient sans doute sur les égarements de Constance.

CHANSON.

Depuis 25 ans jusqu'à 45, âge des jouissances.

Air : *Aussitôt que la lumière....*

Adieu donc, tendre délire,
Où sans choix et sans façons,
Et bandant comme un satyre,
Je foutraillais tous les cons.

Aujourd'hui que la sagesse
Préside à tous nos plaisirs,
Dans les bras d'une maîtresse
Je contente mes désirs.

De temps en temps mon vit bande,
Je baise avec volupté,
Et quand j'ai fait mon offrande,
Je contemple sa beauté.
De mon doigt je la chatouille;
Avec sa gentille main
Elle me prend chaque couille
Et me fait remettre en train.

Telle on voit dessus la rose
L'abeille se reposer,
Sur son sein je me repose
En cueillant un doux baiser.
Jusqu'au fond de sa matrice
Elle ressent mon amour;
J'examine avec délices
De ses fesses le contour.

CHAPITRE V.

Suite des aventures lubriques de Belleval en gar-
nison; nouvelle manière de jouir au son des
instruments; son arrivée à Paris à l'âge de
30 ans; liaison avec des filles publiques; orgies
de bordel; il y retrouve Constance; continuation
des plaisirs voluptueux de cette femme et de
Belleval jusqu'à l'âge de 35 ans.

J'ai dit dans mon chapitre dernier qu'il ne
m'arriva rien de remarquable à ma garnison jusqu'à l'âge de 25 ans, que je n'y fis absolument
que dépenser mon argent comme un fou, et que
les gens accoutumés à faire des dupes y trouvaient
leur compte; cependant, ce genre de vie commençait à me fatiguer cruellement; il ne convenait
point à mes sens bouillants, qui étaient accoutumés à être satisfaits lorsque leur voix se faisait
entendre; mais comment serais-je parvenu à me
contenter sur cet article dans une petite ville où
je ne voyais que des prudes et des bégueules dans

toutes les sociétés où je me trouvais, où madame L'Elu, madame la lieutenante-générale, toujours guindées sur le ton grave et compassées, m'escroquaient au jeu mon argent et ne me permettaient pas seulement de leur baiser le bout du doigt? Il y avait de quoi périr d'ennui en attendant quelques bonnes affaires, et j'y aurais succombé sans doute si le ciel n'eût amené dans notre ville une troupe de comédiens errants qui s'y fixèrent, et du moment que cette vermine qui court de villes en villes, de bourgades en bourgades, s'est établie dans un endroit quelconque, les mâles de cet assemblage burlesque et ridicule courent au café militaire, s'il y a garnison, et là ils s'étendent richement et avec emphase sur la composition de la bande, vantant adroitement les charmes de leurs compagnes, leur complaisance, leurs agréments. Qu'on ne croie pas qu'ils fassent étalage de leurs talents et de leurs vertus; ils savent très-bien que c'est là le moindre objet où s'arrêtent des officiers, et qu'il n'y a pas de quoi faire bouillir la marmite une heure après leur arrivée. Tout le corps d'officiers sut par ces histrions vagabonds qu'il y avait du danger à s'approximer avec celle qui jouait les reines, attendu que la majeure partie des carabiniers lui ayant passé sur le ventre l'année précédente, elle était au régime; ce qui prouvait conséquemment une vérole des plus compliquées. Que celle qui jouait les caractères était amoureuse comme une chatte et qu'on pouvait la prendre par tous les bouts, que tous les trous qu'elle possédait étaient au service du premier venu, ce qui, malgré son âge déjà avancé, lui attirait des pratiques. Que celle qui jouait les ingénuités avait déjà eu trois enfants, mais qu'il ne fallait pas s'arrêter à cette bagatelle, vu ses rares talents tant au lit qu'à la scène, et que l'amateur qui sortait de l'un ou de l'autre se montrait toujours content et satisfait.

L'opéra passa de même en revue. J'écoutais de toutes mes oreilles ce récit libertin; mais je ne pus sans émotion entendre le portrait que fit l'affiche ambulante de cette troupe de la première chanteuse, nommée Jolival.

Jolival, disait-il, est la plus agréable de toutes nos femmes, la plus spirituelle et la plus belle; on la dit aussi la plus voluptueuse, la plus raffinée sur les jouissances de l'amour, mais je n'en suis pas certain. Ce n'est pas pour nous que le four chauffe. Dans toutes les villes de garnison, depuis le colonel jusqu'au moindre officier, tous briguent sa conquête. C'est elle qui fait la plus ample récolte, et, quoique notre camarade, elle ne voyage jamais qu'en poste, tandis que le plus souvent nous allons nu-pieds. Elle doit arriver demain, messieurs, continua-t-il en regardant avec attention ce groupe de Cesars de ma trempe qui l'écoutait, vous la verrez; mais gare vos cœurs et vos pistoles.

Je fis mon profit de l'avertissement, mais cependant je me résolus bien d'arracher pied ou aile de mademoiselle Jolival, si elle était en effet telle qu'on nous l'avait dépeinte, et pour cet effet j'allai l'attendre sur les glacis du rempart, à l'heure à peu près ou elle devait arriver.

Je ne fus pas longtemps dans l'attente. Une chaise que je vis de loin m'annonça l'objet pour qui je me sentais déjà de la passion, et fut arrêtée par la sentinelle. Je volai au poste assez tôt pour voir la belle Jolival. Je dis à la sentinelle de la laisser passer, et indiquai au postillon la route de mon auberge. Je servis d'écuyer à cette infante de coulisse, qui agréa mes soins comme ceux du premier venu, et dès le même soir je soupai et couchai avec elle, après quelques grimaces de sa part; mais je trouvai bien le moyen de les faire finir en montrant une bourse bien garnie, qui fut acceptée pour les frais du voyage.

Le malotru, que sans doute elle payait pour annoncer ses appas un jour avant son arrivée, n'avait pas menti dans l'éloge qu'il en avait fait, et la nuit que je passai avec Jolival fut pour moi la nuit la plus délicieuse. J'avais goûté mille plaisirs avec Louison, mais combien ils étaient peu de chose auprès de ceux que me procura cette beauté! Avant d'en donner le détail circonstancié, je vais jeter à la hâte sur le papier les trésors voluptueux que la belle Jolival offrit à mes désirs empressés.

Les plus beaux yeux du monde surmontés de deux arcs d'ébène dont la prunelle lançait les étincelles de la concupiscence, une bouche adorable ne s'ouvrant dans les accès du plaisir que pour proférer les polissonneries les plus spirituelles, une gorge admirable, ornée de deux tetons qui, quoique volumineux, n'avaient rien de rebutant; des veines d'un bleu d'azur dessinées dessus, traçaient aux amants la carte des Pays-Bas, ventre poli, motte enchanteresse, dont le poil noir et parfaitement frisé accélérait le plaisir par son frottement délicieux; mais ce que j'aurais peine à

décrire, ce que je brûle de nommer et ce que je
vais indiquer par la lettre initiale, c'est le c.. de
cette divine chanteuse. D'après le récit que j'avais
entendu faire, je ne pouvais douter que cette place
n'eût été bloquée une infinité de fois, et qu'elle
n'eût souffert bien des assauts ; cependant, je ne
m'en aperçus pas, et je puis dire sans vanité que
j'étais parfait connaisseur sur cette partie, l'or-
nement du beau sexe, et que le manége artificiel
des courtisanes qui possèdent le talent merveilleux
de se rétrécir à leur gré ne m'en a jamais imposé,
que j'ai vaincu sans peine les obstacles mécani-
ques qu'elles appellent leur prétendue virginité ;
mais Jolival n'était pas dans ce cas ; c'était un
demi-pucelage que j'avais à conquérir et que j'ob-
tins non sans m'être beaucoup évertué.

Deux colonnes d'ivoire servaient de support à
cet édifice. De ma vie je n'ai vu de plus superbes
cuisses ; jambes faites au tour, pieds furtifs et mi-
gnons, telle était ma déesse du jour, à l'examen
des attraits qu'elle offrait par devant à ma lascive
curiosité.

Par derrière, autre miracle d'amour. Ces mêmes
cuisses que j'avais dévorées de baisers me parurent
encore plus dignes d'admiration ; elles soutenaient

de ce côté un cul miraculeux fait exprès pour
l'amour, deux fesses serrées, fermes et rebondies,
au-dessus desquelles des hanches bien prises formaient l'ensemble d'une croupe ravissante. L'a-
mour tira les rideaux du lit, et n'ayant d'autres
témoins de nos ardents plaisirs que nos transports
mutuels et convulsifs, nous procédâmes à une infinité de mystères amoureux et lubriques que je
vais peindre afin d'instruire mon sexe sur les variations du plaisir.

Après avoir satisfait à l'ardeur de mes sens, en
exploitant Jolival suivant la manière accoutumée,
c'est-à-dire de cette façon simple et générale
qu'emploient et qu'ont toujours employée nos premiers pères, pour créer des malheureux du tiers-
état, des ministres déprédateurs, des législateurs
intéressés, des juges sans honneur, des fripons
administrateurs, des prêtres sans mœurs et des
prélats libertins, en nous mettant sans cérémonie
l'un sur l'autre et en assouvissant la chaleur la
plus violente de nos désirs, nous passâmes à ces
nuances qui, lorsqu'elles sont vivement senties,
ne nous laisssent plus rien à désirer en jouissance.

Jolival aimait ardemment la pratique du plaisir que j'avais goûté machinalement avec Cons-

tance à l'époque de la défaite de son pucelage, en glissant machinalement ma langue dans l'intérieur de son bijou; elle formait mille replis de son corps; d'abord, elle prit ma main qu'elle posa sur l'éminence de sa petite fente; j'y portai le doigt majeur mais elle m'arrêta en m'adressant ces mots :

Mon cher chevalier, croyez-vous de bonne foi que votre doigt puisse faire plus d'effet et me faire éprouver plus de sensations que celle que je viens d'éprouver avec l'arme redoutable que vous m'avez enfoncée jusqu'à la garde dans le réduit central de la volupté? En me le mettant, vous m'avez plongée dans une extase délicieuse; j'en ressens encore toute l'ivresse, et si je ne connaissais pas une manière encore plus parfaite et plus ravissante de jouir de vos embrassements, je vous supplierais de me le mettre encore; mais je veux être votre Mentor en plaisirs et vous apprendre l'exercice le plus charmant qu'on puisse faire de cette partie qui facilite l'organe de la parole; oui, je veux que votre langue fasse en ce moment l'emploi de votre membre viril, et vous m'en direz des nouvelles après.

Je compris ce que Jolival voulait me dire, et j'allais, posant ma tête entre ses cuisses, commencer mes fonctions et chatouiller voluptueusement avec ma langue ce muscle qui se roidit, dans les femmes, à peu près comme en nous le principe de la génération; mais elle ne voulut pas de cette façon; elle me fit coucher sur le dos comme une fille qui se prépare à l'amoureux combat, puis se mettant à cheval sur mon estomac, elle me tourna gracieusement le derrière, qu'elle appliqua sur mon visage, de manière que ses fesses se reposant sur le haut de ma figure livraient le joli petit étui de mon priape à la discrétion de mes baisers; mais dieux! dans quel délire je fus plongé quand je sentis que Jolival, en se baissant, s'était emparée de mon joyau avec sa bouche, dont elle formait pour lui un nouvel asile, que sa langue frétillante se promenait sur le filet qui réunit la membrane avec le prépuce; qu'en un mot, par ses chatouillements vifs et prolongés elle m'excitait au souverain plaisir, dans le même genre que je pratiquais pour favoriser son éjaculation.

Détracteurs froids du plaisir, blâmez-moi si vous voulez, mais attendez pour le faire que vous ayez fait l'épreuve de pareille situation, et vous vous tairez sûrement.

Notre nuit se passa de cette façon à inventer

mille postures différentes pour varier cette jouissance suprême, et nous nous réveillâmes le lendemain ivres l'un de l'autre. Le dirai-je? Eh!
pourra-t-on le croire? Notre amour dura huit
grands jours, et ce ne fut qu'après avoir mis en
usage tous les moyens de satisfaire nos désirs que
nous nous aperçûmes que nos sens étaient pleine-
ment satisfaits, et que le changement réveille le
goût.

La troupe comique avait débuté, et cette ingénuité à trois enfants, dont on nous avait fait le
détail au café, m'avait charmé par son nez re-
troussé et son air naïf et enfantin. Jolival commençait à m'ennuyer; je voulus le mettre à tel
prix que ce fût à Emilie, ainsi se nommait cette
célèbre ingénuité comédienne, et je déses-
pérais d'en venir à bout, le chevalier de Rosebois s'en étant emparé, lorsque lui-même m'en
fournit les moyens. Tu sais, me dit-il, que j'ai
l'honneur de le poser à Emilie; mais elle m'excède
et me fatigue horriblement. Je bande pour Jolival
à qui tu commences à déplaire (tous les officiers
s'en aperçoivent) et à laquelle tu renoncerais sûrement volontiers; troquons; d'ailleurs, Emilie a
un furieux caprice pour toi; elle a eu la bonne foi

de me le confier, et Jolival me lorgne. Si tu acceptes le marché, dès ce soir je te mène chez Emilie, nous y ferons à trois une partie de débauche, et quant à Jolival, j'en fais mon affaire.

J'acquiesçai aussitôt, et le soir nous fûmes chez Emilie, qui, déjà prévenue, m'accueillit comme celui qui devait désormais fournir aux besoins de son tempérament et de sa cuisine. J'étais vêtu en habit de combat : une grande veste de coutil à la marinière et un pantalon étaient mes seuls vêtements afin d'en être plus tôt débarrassé, et par-dessus je m'étais affublé de mon manteau. Rosebois était en bourgeois, afin de dérouter les regards des curieux.

Après quelques préludes, que Rosebois feignit de ne pas apercevoir, il sortit sous prétexte de faire apprêter le souper. Emilie profitant de son absence vint m'embrasser amoureusement et me dit :

Mon cher Belleval, ce grand fou de Rosebois est sorti, profitons de son absence; le temps est précieux; tu bandes pour moi, je ne l'ignore pas; je l'ai lu dans tes yeux, et plus encore le long de tes cuisses chaque fois que tu m'apercevais à la parade militaire ou ailleurs; mets-le moi, je t'en conjure, et pour ne point y être surpris, faisons cette douce affaire à la grenadier, et baise-moi debout; nous nous en dédommagerons une autre fois plus à notre aise.

Je ne me le fais pas répéter. Je troussai Emilie, et sans m'arrêter à examiner ses cuisses, son ventre, sa motte et son *ethua*, vomissant tous les feux de la luxure, je tirai mon membre nerveux hors de sa prison, dont il aurait de lui-même forcé les boutons, et nos corps se joignirent.

J'eus bientôt enfilé Emilie et je lui poussai les plus vigoureux coups de cul, qu'elle me rendait avec usure, quand Rosebois, qui se doutait du fait et qui ne s'était évadé qu'à dessein, rentra tenant un tambourin sur lequel il battait la mesure.

Ou croira peut-être qu'Emilie et moi fûmes déconcertés de sa plaisanterie, mais point; le son du tambourin échauffa nos transports; il s'assit gravement sur une chaise et ne cessa de nous accompagner qu'au moment où nous sentions se glisser dans les veines de toutes les parties de notre corps l'élixir des jouissances, et que nos jambes ne nous soutenant plus qu'à peine, nous fûmes obligés d'abandonner la partie.

Nous soupâmes gaiement, et après le souper Rosebois s'éclipsa et fut sans doute trouver Jolival pour battre avec elle sur son tambourin, et nous laissa le reste de la nuit, Emilie et moi, en liberté de renouveler nos scènes lubriques.

Je me suis déjà déclaré comme l'ardent ami des plaisirs libertins; mais comme l'ennemi de la constance; en moi, toute espèce de jouissance éteignait le désir, et je regardai comme un très-grand avantage la translation d'un régiment d'une garnison à l'autre. Je profitai de sa marche pour obtenir un congé de semestre, dont j'employai les premiers mois à visiter mon pays, où l'on n'avait pas encore reçu de nouvelles de Constance et où l'on ne s'occupait même plus d'elle. Quelques affaires qui y rendaient ma présence indispensable étant terminées, je volai à Paris, dans ce séjour que je brûlais de voir. Un pressentiment secret m'annonçait que j'y retrouverais l'objet de mes premières amours, et ce pressentiment se réalisa, comme on le verra par la suite de ces mémoires.

A mon arrivée dans la capitale, les suites funestes de la Révolution y avaient mis tout en désordre. Le peuple criait famine et les guinguettes étaient toujours remplies de la plus vile portion de la populace; les agioteurs et les infâmes vendeurs d'argent de la rue Vivienne vendaient le numéraire à un taux exorbitant, et des monceaux d'or roulaient sur des tapis verts dans les exécrables tripots que S. A. le duc d'Orléans tolérait dans l'enceinte du Palais-Royal. Les riches prélats ne respiraient que le sang et la vengeance, et les prêtres tartuffes se faisaient un mérite d'obéir à la nécessité par intérêt. Les courtisanes publiques et les gourgandines, voyant baisser les actions, renchérissaient sur le luxe et n'en procédaient pas moins à vil prix à tous les actes de la lubricité. Enfin Paris, lorsque j'y arrivai, était un mélange de bizarreries et de contradictions, un cahos qu'il était difficile de percer; tantôt ce monstre qu'on nomme aristocratie prenait le dessus, au moyen de quelques centaines d'hommes que la politique faisait égorger dans les garnisons du royaume; à son tour le patriotisme prenait sa revanche en faisant décrocher les réverbères et en y substituant une victime pour éclairer la nation sur ses intérêts. Telle était la capitale lorsque j'y arrivai.

Je m'y logeai rue St-Honoré, hôtel de Londres. Je ne connaissais pas encore cette espèce qu'on nomme raccrocheuse, et qui, le soir, dépouillées

jusqu'à la ceinture, provoquent les passants en
étalant aux yeux du public une volumineuse paire
de tetons. Je me plaisais à examiner cette engeance
maudite qui prostitue ses faveurs pour un morceau de pain; et cependant, tout en les blâmant,
j'éprouvais des velléités; à leur air agaçant, je
sentais que j'étais né pour le libertinage.

J'avais quelques connaissances de jeunes mili-
taires dans cette grande ville; après quelques vi-
sites de bienséance rendues, je ne m'occupai que
de plaisirs, et mes nouveaux amis, tout aussi ama-
teurs que je l'étais des orgies de Vénus impudi-
que et de Bacchus, ne tardèrent pas à me proposer
l'accomplissement de ce que je désirais avec tant
d'ardeur, et me conduisirent au bordel.

Je sentis d'abord quelque répugnance à me
livrer aux caresses de ces prostituées messalines,
mais bientôt ma honte s'évanouit et le plaisir
l'emporta. J'y passais les jours et les nuits, tantôt
dans les bras de l'une, tantôt dans les bras de
l'autre. J'y appris beaucoup mieux que je ne
l'avais fait avec Louison toutes les ressources de la
lubricité, et je recevais ces leçons avec volupté.

Julie, Blondy, Beaulieu, D'Harcourt, ô vous
putains expertes et consommées, que ne vous

dois-je point! c'est vous qui avez le plus contribué à mon éducation, et c'est à vous que je dois le bonheur d'avoir retrouvé Constance.

Peindrai-je mes occupations avec ces prêtresses voluptueuses de l'amour et du plaisir? Eh! pourquoi non? N'est-ce pas les degrés des âges du plaisir que j'écris, n'est-ce pas la narration de mes jouissances voluptueuses? Ne laissons rien échapper de ces variations et montrons, par mon exemple, la plupart des hommes tels qu'ils sont.

Julie, la première de ces filles publiques, avait une gorge admirable, elle le savait; aussi ne craignait-on pas d'attraper la vérole. Se glissant sur le bord de son lit, elle vous invitait avec grâce à placer votre membre génital entre ses deux tetons, jouissance d'autant plus délicieuse que, par le moyen de la respiration, elle leur donnait un mouvement égal à celui du croupion, de manière qu'ainsi logé le priape fournissait sa carrière; tandis que d'une main elle vous chatouillait agréablement les génitoires, et que de l'autre, avec un doigt jésuitique, elle introduisait dans l'anus le postillon de la même façon que le marquis de Villette et Voltaire exploitaient le beau Dauzel au château de Ferney.

Blondy présentait sa croupe ; le fréquent usage qu'elle avait fait de son joujou lui en avait interdit la jouissance. Sa trop vaste matrice, où l'on entrait sans savoir où l'on était, faisait murmurer les locataires, au lieu qu'au moyen de la sodomie c'était une femme neuve.

Beaulieu, si connue par le surnom de Belle-en-cuisses, les rapprochait avec tant d'art que l'on préférait cette double intromission à la voie naturelle.

D'Harcourt était Androgine; elle vous le posait là où on le lui mettait. C'était au choix, tantôt baisant, tantôt baisée. Sans être jolie, D'Harcourt réunissait tous les charmes du plaisir; elle en variait les formes et savait vous amener au but que vous souhaitiez; on la baisait, elle était contente; on la payait, elle l'était encore plus, et de fil en ai-guille, chacun était satisfait.

C'est de cette manière que je me comportai pendant mon séjour à Paris; le plaisir fut ma seule idole et je m'y sacrifiai constamment.

Un jour que je passais rue de Rohan, je fus invité par une de ces demoiselles à aller faire la visite de ses appas; on juge bien que je ne me refusai pas à pareille requête. Je montai; trois ou quatre filles formaient l'assemblage de ce bercail; j'allais porter mon offrande à la grande prêtresse de cette maison d'amour, quand, au milieu de cette cohorte féminine, j'aperçus, le dirai-je et pourra-t-on le croire? Constance, oui, Constance elle-même dans le costume de ses compagnes, décolletée, montrant impudiquement sa gorge et ayant placé ses tetons au-dessus d'un corset qui les rassemblait et leur donnait un faux aperçu.

La foudre tombant à mes pieds m'aurait moins étonné; je balbutiai; elle ne savait trop que dire. Je payai sans forniquer; j'emmenai Constance à mon hôtel, [où, après avoir renouvelé nos scènes de novice, elle me fit le récit sur lequel j'ai anticipé et qu'on a lu au chapitre IV.

Dans tout autre temps et mûri par l'âge tout aussi bien que par la raison, j'aurais fait avertir les parents de Constance; je me serais comporté en honnête homme, mais j'obligeai la décence à céder au plaisir; l'occasion m'offrait une maîtresse, une maîtresse que j'avais chérie; je ne vis plus qu'elle, et mon parti pris, je la logeai dans un hôtel contigu au mien, où je lui assignai l'assurance de ses besoins.

Pendant ce temps, le régiment fut licencié;

conséquemment je me trouvai libre; ma mère venant de mourir me mettait à même de me livrer à mes goûts et à toutes mes fantaisies. Ces divers événements me fixèrent à Paris, et plus idolâtre que je ne l'avais jamais été de ma chère Constance, j'avais juré dans ce temps, où j'atteignais ainsi qu'elle ma trente-troisième année, que dorénavant nous n'existerions plus que l'un pour l'autre.

Le temps, ce grand maître des événements, changea mes dispositions, tant il est vrai que l'homme ne doit jamais compter sur lui-même. Je ne cesserai de le répéter, j'étais né pour le plaisir, et lorsque j'en avais une fois assouvi le premier besoin, la nature et mon tempérament me couvraient les yeux d'un bandeau et me forçaient de recourir à d'autres.

CHAPITRE VI.

Nouveaux passe-temps libertins et particuliers de Constance et de Belleval; dégoût l'un de l'autre; chacun d'eux jouit à sa manière; Cons-

tance meurt de la vérole; Belleval, ruiné par le jeu, se livre de plus en plus à la débauche jusqu'à l'âge de 45 ans.

Il me semblait que rien sur la terre n'était ou ne devait être égal à Constance. Heureux et satisfaits l'un de l'autre, nous trouvions dans notre possession mutuelle le charme de la jouissance; mais l'attrait irrésistible du plaisir m'entraînait, Constance l'aimait de même, et nous ne pouvions nous suffire.

Malgré que je possédasse son cœur, je sentais qu'il manquait quelque chose à mon existence. Ardents prosélytes du plaisir, nous ne pouvions, Constance et moi, parvenir à nous contenter; nous avions l'un et l'autre usé les charmes d'une possession mutuelle, et nos sens nous invitaient à chercher à cueillir ailleurs les myrthes de l'amour.

Sans nous faire une confidence réciproque, nous en vînmes par degré à nous absenter l'un de l'autre. Je laissai Constance libre de se procurer des plaisirs avec tout autre qu'avec moi, pendant que de mon côté je continuai à fréquenter les sérails de la capitale.

Une des filles d'amour de la débauche fit un

certain soir ma rencontre au Palais-Royal et me proposa de l'accompagner; je ne rebutai pas sa proposition et me laissai conduire dans le temple où les filles salariées par les libertins nationaux recueillaient l'argent des débauchés et leur donnaient à chacun de la marchandise pour leur offrande.

Celle-ci, dont je me souviendrai jusqu'au dernier soupir de ma vie, avait, ainsi que la bien-aimée de mon cœur, le nom de Constance. Après avoir payé suivant l'usage et selon le tarif du lieu, ma particulière me conduisit dans un appartement où je ne fus pas peu surpris de voir en relief le portrait de Mademoiselle d'Orléans actuelle. Je reculai de surprise et demandai à ma conductrice comment et par quel hasard le portrait de cette princesse figurait dans un bordel.

Tu t'en étonnes, me dit-elle; eh! c'est la plus ardente sectatrice de nos plaisirs, non pour la prostitution, sa belle âme en est incapable, mais depuis que S. A. lui a fait apprendre, par motif de récréation indigne du sang des Bourbons, à danser sur la corde, elle est devenue le modèle de toutes les femmes du haut style de la capitale; toutes ont voulu apprendre ce grand art que le fameux Placide enseigna au comte d'Artois, et nous autres, reléguées dans les classes des filles publiques, nous la regardons et la chérirons toujours comme notre patronne pour les tours de reins et la souplesse des jarrets. Le fait est si certain qu'au moyen de l'écu de six francs que tu as donné à la révérende maquerelle de ce lieu, je vais pour ton argent et tout réjouissant du souverain plaisir, t'apprendre à faire des tours de force. Je conçus, à l'exposé de cette courtisane, qu'elle me réservait à de nouveaux passe-temps ; je me laissai conduire sur le trône destiné à la célébration de ces plaisirs dont le genre était inconnu pour moi, et je ne tardai pas à en faire l'épreuve.

Sur un lit consacré de tous temps aux vigoureux fouteurs, enfants de Priape, la femme qui venait de se déclarer mon institutrice me déshabilla, et moi, complaisant et libertin, je la laissai faire. Il me paraissait plaisant d'avoir un tel valet de chambre ; en deux minutes, ma compagne de plaisirs en eut autant. Puis me faisant tenir sur les quatre membres, et ainsi nue, ce cavalier de nouvelle espèce se précipita sur mon corps et s'enfonça ma flèche, droite, ferme et allongée, dans le point central, puis, se remuant avec dextérité, la coquine se satisfaisait, tandis que j'étais en équilibre sur les pieds et sur les mains.

Je ne dirai pas que j'éprouvai tout le plaisir possible de cette manière; lorsque au moment que je sentis que mes forces m'abandonnaient et que j'allais jouir du comble de la volupté, le tour de force cessa d'avoir lieu, je tombai tout étendu sur le théâtre de nos plaisirs; ma digne compagne entraînée par ma chute, se trouva sur moi dans le même état, et c'est alors que nous jouîmes tous les deux de la divine extase; sans se désarçonner elle jouait admirablement de la croupière, coups de cul ardents et ménagés, baisers lascifs et brûlants; ses tetons se reposaient sur mon estomac; baissant la tête, je les suçai avec ivresse, tandis que mes bras, reployés sur son corps, me donnaient la liberté de claquer voluptueusement ses fesses et d'en chatouiller l'entre-deux d'une main légère ; après ce nouvel exercice je quittai mon héroïne en nous promettant de nous revoir et de recommencer ce passe-temps agréable.

De son côté, Constance aussi dégoûtée de mes caresses que je témoignais l'être moi-même, se livrait à toutes sortes de dérèglements; quelques joueurs de hasard avec lesquels j'avais fait connaissance, s'étaient crus en droit de me souffler ma maîtresse; Constance avait reçu leurs assiduités et je ne tardai pas à en être convaincu.

Je rentrais un soir chez elle plus tôt que de coutume à l'effet de me consoler dans ses bras de la perte de quelques dizaines de louis que j'avais laissés dans un des infâmes tripots du Palais-Royal; j'avais une double clef; du bruit que j'entendis dans sa chambre à coucher me fit arrêter sur le seuil de sa porte vitrée ; mais à ces exclamations, que j'entendis proférer par deux voix différentes, dont je reconnus l'une pour celle de Constance, je ne jugeai pas à propos d'avancer plus loin. — Ah! dieux!.... grands dieux, cher ami,..... chère amante!..... Dépêche...... enfonce!..... — Je me pâme.....—Je me meurs!..... — Telles furent les expressions qui frappèrent mes oreilles.

—Bon, dis-je en moi-même, c'est un prété pour un rendu; Constance me rend l'échange. Laissons la faire, qu'un autre la baise s'il le juge à propos, je n'y tiens presque plus, ou plutôt point du tout; il y aurait de l'injustice de ma part à prétendre en priver les autres.

Je ressortis comme j'étais entré, en réfléchissant cependant aux impulsions violentes de la débauche. Constance me devait tout; je l'avais retirée du bordel pour en faire ce que l'on appelle une demi-honnête femme. J'étais maître de sa destinée; je pouvais la rendre malheureuse à jamais en la rendant à sa famille, et cependant elle me trahissait. Telle est donc, me disais-je, la force du tempérament, puisque pour nous satisfaire elle nous engage à surmonter toutes les considérations.

Depuis cette découverte, je m'abandonnai sans réserve à la jouissance de mes plaisirs ordinaires et ne vis plus Constance que sur le pied de bonne amie. Ce refroidissement de ma part graduant avec ses vues, elle ne m'en fit point de reproches et continua de se prostituer par goût plus que par intérêt à toutes les personnes qu'elle pouvait attirer ou qui s'introduisaient chez elle.

Le poison affreux de la vérole germa dans son sein; elle ne fit pas d'abord attention à ses progrès naissants, mais peu à peu ce mal infect ravageant son sang, la corruption devint générale, et sa masse en fut altérée; elle m'en fit confidence, mais, hélas! trop tard pour que mes soins lui devinssent utiles et sauvassent sa vie; elle périt au milieu des remèdes violents qui lui furent administrés. Je me chargeai du soin de faire inhumer

ses cendres; puis j'en donnai le détail à sa famille
sans, comme on doit bien s'en douter, l'instruire
que j'avais eu la plus grande part dans les dérèglements de cette victime infortunée de la débauche
et que j'étais le premier principe de ses désordres.

Malgré qu'il y avait longtemps que je ne me
souciasse plus de Constance, malgré la suite de
plaisirs que je goûtais d'un côté et d'autre, après
sa mort je me trouvai isolé pour un temps; les
femmes me devinrent indifférentes et j'abandonnai la pratique de ce vice honteux pour me précipiter avec fougue dans un autre qui devint ma
passion favorite et auquel je me livrai avec ardeur.

J'ai déjà dit que, par la mort de ma mère, j'é-
tais devenu le chef de ma famille, ou plutôt que
j'étais absolument maître de moi-même; une fortune assez considérable me mettait à même de me
livrer au goût naissant que je ressentais pour le
jeu; j'abandonnai donc les plaisirs que me procurait le sexe féminin pour engloutir ma fortune
dans ces gouffres du Palais-Royal, où l'avarice
égorgeant ses victimes fait régner parmi la bas-
sesse, le vol et les plus abominables crimes, la
rage, l'horreur, le désespoir et la malédiction....
Oh! souvenir trop amer, orgueilleuse municipa-

lité, toi qui t'occupes si impérieusement de ranger les prêtres à l'obéissance de la loi, extirpes ces ta-vernes, condamnes au supplice ces affamés de notre sang, qui nous vendent à usure jusqu'au papier que l'assemblée de la nation créa pour la facilité du peuple, et le ciel bénira tes travaux.

Ce fut de cette manière que je passai mes jours jusqu'à l'âge de 45 ans, toujours rongé par le dé-sespoir et par l'inquiétude, tour à tour maudissant ma destinée et le génie familier qui m'avait amené à Paris, jusqu'à ce qu'épuisé, sans ressource et abîmé de dettes, l'amour, cette passion qui m'avait tyrannisé pour ainsi dire presque depuis l'âge du berceau et qui fermentait encore dans mon sein, chassa de mon cœur la passion du jeu et y reprit son règne avec toute sa force. Ce fut alors que je versai des larmes de repentir sur la mémoire de Constance. Hélas! avec plus de sagesse cette victime du libertinage existerait peut-être encore; sa destinée est remplie et j'attends le terme de la mienne; mais comme jusqu'à l'âge de 70 ans que j'ai maintenant, les femmes ont encore rappelé mon âme à la gaieté et mon corps à la vi-gueur, et que j'ai contracté l'obligation de dévoiler toutes les actions de ma vie qui peuvent guider

ceux qui me liront à parcourir dans tous les âges
la carrière du plaisir. J'en vais continuer le récit.

CHANSON.

Depuis 45 ans jusqu'à 60, âge de la faiblesse.

Air : *Ecoutez l'aventure.*

La triste quarantaine
Modère avec vigueur,
Et je vois avec peine
Que je n'ai plus d'ardeur...
Cependant, quand un cul
M'étale son adresse,
Je suis bien convaincu
Que mon vit se redresse.

Dans mes veines circule
Même amoureux désir;
Si parfois je recule,
J'aime encore le plaisir.
Lise, dans mon repos,
Ranimant ma faiblesse,
Sait me rendre dispos
De plusieurs coups de fesses.

A force d'exercice,
Mon engin s'est usé;
Mais je me rends justice,
Je l'ai souvent lassé.
Jeune homme, à votre tour,
Imitez ma folie;
Ce n'est que par l'amour
Qu'on peut jouir de la vie.

CHAPITRE VII.

Folies libertines de Belleval à l'âge de 45 ans jusqu'à 60 ; manière industrieuse de ranimer les forces épuisées d'un prochain sexagénaire, ou le nouveau gagne-petit; Belleval devient politique jusqu'à l'âge de 60 ans.

Je rentrais un matin la bourse vide et le cœur en proie à tous les tourments du désespoir, lorsqu'une de mes voisines, qui logeait depuis quelque temps dans le même hôtel et qui était entretenue par un riche évêque, qui n'avait pas besoin de serments contradictoires pour assurer sa fortune en entendant les imprécations que j'adressais au sort maudit qui me persécutait, s'offrit à me consoler; je reçus d'abord très-patiemment ses raisonnements à perte de vue, mais je m'accoutumai à l'entendre, et bientôt je me rangeai du parti de la philosophie.

Je ne sais comment était construite Gabrielle d'Estrées que par le portrait peut-être flatté que les peintres et les romanciers nous en ont donné; mais Gabrielle Durand, ainsi se nommait ma voisine, était un miracle d'amour : minois appétissant, gorge friande, tetons d'albâtre, cuisses faites au tour et une croupe semblable à celle du pourceau du bon Dieu, qui fournissait à ses appointements; tous ces attraits étaient plus que suffisants pour me rendre aux plaisirs. D'ailleurs, Gabrielle était désintéressée; c'était en moi l'homme qu'elle recherchait et non la fortune; je devins donc l'adjoint de l'évêque démonseigneurisé, et depuis ce temps, établis sur le même palier, Son Eminence avait pour son or quelques matinées et moi le reste du jour et les nuits entières.

Je ne pensais plus au jeu; baiser et rebaiser ma divine Gabrielle, sucer le bout de ses tetons, entrelacer les poils blonds de sa moniche, l'asseoir

sur mes genoux et glisser mes doigts dans la partie
vermeille qui avait été de tout temps l'objet de
mes désirs ; telles étaient les occupations de mes
moments les plus précieux; mais le dirai-je, à la
honte de mon sexe et ce qui lui paraîtra sans
doute une vérité bien affligeante, c'est qu'il arrivait que souvent, malgré les caresses brûlantes et
lascives de Gabrielle, malgré la question ordinaire
et extraordinaire qu'elle donnait à mon pauvre
membre, malgré la vue délicieuse de ses appas,
malgré que je touchasse avec ivresse ses tetons,
ses cuisses, ses fesses, son ventre, sa motte, et que
je fourrasse mon index dans sa clavicule, je ne
bandais qu'en homme énervé; mon membre érecteur ployait sous ses doigts délicats, sa tête hu-
mectée pleurait sans doute de regret de n'être pas
plus utile à l'accomplissement de mes désirs ; en
un mot, j'étais, hélas! comme un homme qui ne
l'est plus, ou qui va cesser de l'être, triste situation sans doute pour une jeune femme embrasée
des feux de la jouissance; tout autre en eût été
rebutée; mais féconde en moyens, elle ne se las-
sait jamais de les employer, et ingénieuse sur la
manière de manier et remanier ce faible outil,
elle terminait toujours par en tirer raison.

Avant d'être entretenue, Gabrielle avait fait nombre parmi les filles publiques; elle connaissait toute l'efficacité d'une poignée de verges employées sur les fesses charnues d'un languissant amateur de la volupté; voyant que cet état débile où nos facultés sensuelles nous abandonnent était souvent le mien, elle eut recours à cet expédient. C'était la première fois que j'en faisais usage. D'abord, elle me pria de me laisser complaisamment lier les mains, sans m'instruire de son dessein, ce que je souffris tout en riant de la folie, puis me déboutonnant elle-même et rattachant par derrière ma chemise sur mes épaules, elle tâta mon instrument, qui, mou, lâche et baissant la tête, ne s'attendait pas que bientôt il allait devoir sa régénération à la plus vigoureuse des fustigations. Toujours folâtrant, elle tira de dessous sa robe une poignée de verges qu'elle destinait à mon postérieur, et qu'elle avait attachées d'un superbe ruban national. Elle me le présenta d'abord à baiser; je me prêtai de même à cette plaisanterie; elle commença de suite à m'en appliquer quelques coups sur les fesses, puis semblable à un médecin qui tâte le pouls de son malade, elle cessait cette besogne pour voir en quel étatétait mon braquemar, qui ne se réveillait point encore de sa léthargie. Obligée de renouveler la dose, elle s'évertua sur mon derrière avec tant d'ardeur que je fus contraint de la supplier de s'arrêter; mais sourde à mes supplications, elle continua. Les esprits volatils de mon sang s'irritant par ce moyen-là, elle triompha de ses peines, et je bandai; alors elle me délia, nous nous précipitâmes dans les bras l'un de l'autre, et charmé de cette opération qui pouvait rendre un homme à lui-même, je l'engageai à la mettre en usage chaque fois que mon argument n'était pas en état de pousser sa pointe.

Un jour que, sortant de dîner ensemble, nous étions prêts à nous livrer à nos tendres folies, Gabrielle entendit sous ses fenêtres le cri d'un de ces gagne-petit qui vont par la ville cherchant à repasser des rasoirs et des couteaux. Ayant tous les ustensiles de la coutellerie sur le dos, il lui vint à l'idée l'imagination la plus plaisante et la plus bouffonne. Sans me consulter, elle appela le remouleur, qui ne tarda pas à paraître dans notre chambre avec tout son attirail.

Tiens, bonhomme, lui dit-elle, j'ai besoin pour une heure de ta boutique; vois si tu veux me la laisser, voilà six francs que je te donne pour le loyer. Reviens la chercher, et je te donnerai pour boire.

Le gars ne se fit point prier; il détacha ses bretelles et laissa là l'étranguillage. J'étais ébahi de cette nouvelle folie de Gabrielle, et dès que l'Auvergnat fut sorti, sans s'embarrasser quel outil on allait repasser sur sa meule, je lui en demandai l'explication.

—Comment, mon cher Belleval, me dit-elle, tu ne te doutes pas de l'usage que je prétends faire de cette machine? Il faut donc t'en instruire; le voici : Soit dit sans te déplaire, tu ne bandes plus ou si peu, si peu qu'en vérité ce n'est pas la peine d'en faire mention; je juge bien d'où provient ce défaut de virilité, ton pauvre outil émoussé par l'excès des jouissances a besoin d'une restauration et d'être affilé; allons, sans cérémonie, place-toi devant cette meule que je vais tourner et que j'affûte ton joujou.

L'invention de Gabrielle était trop plaisante pour que je m'y refusasse; je tirai donc mon engin, que je posai sur le grès, pendant que Gabrielle le tournait avec dextérité.

Ah! le chien, s'écria-t-elle en riant, il n'y a pas

une goutte d'eau dans son baril. Je ne m'étonne pas de ne point remarquer encore aucun effet. Attends, mon cher Belleval, je vais remédier à cet inconvénient. — Alors ma friponne grimpa sur la boutique du gagne-petit, se jucha sur le baril, puis se troussant jusqu'à la ceinture, cette jolie dévergondée pissa amplement sur la meule.

Ce ne fut sans doute pas ce nouvel aiguisement qui me fit bander; je ne suis pas assez insensé pour attribuer à ce nouvel expédient le renouvellement de ma vigueur; mais qu'on se suppose à ma place; j'avais en perspective devant les yeux le goulot de la jolie fontaine par où Gabrielle faisait couler sur la meule l'effusion qui, disait-elle, devait lui procurer tout son effet; ses cuisses en formaient les alentours et les ornements touffus qui étaient au-dessus et qui en faisaient l'ombrage, me tirèrent de ma stupeur, et je redevins encore homme en dépit de la nature.

Oh! miracle! dit alors Gabrielle avec exclamation, voilà mon cher Belleval qui bande; à moi seule, à mon génie fécond et merveilleux doit en appartenir toute la gloire; viens, mon cœur, viens, mon tendre ami, puisque j'ai su te ranimer, viens me le mettre et expirer de plaisir dans mes bras!

J'y volai sur-le-champ, et une éjaculation abondante fut le fruit de la polissonnerie qui, rendit utile la mécanique du bon gagne-petit, qui, ponctuel, la vint rechercher au temps prescrit; elle lui ordonna de la rapporter à pareil prix tous les deux jours, pour ses besoins pressants.

Ma liaison avec Gabrielle dura l'espace de cinq années; j'en avais donc cinquante, lorsque des événementsdivers me séparèrent d'elle.

Sans maîtresse et ne jouissant plus que d'un mince revenu, n'étant plus dans l'âge de voltiger de plaisir en plaisir, je me mis à politiquer jusqu'à l'âge de soixante ans. Le caveau devint ma seule habitude, et là, rêvant aux emplois différents que j'avais faits de mes jours, j'enrageais intérieurement de ne pouvoir me retrouver à l'âge heureux où j'avais baisé Constance pour la première fois. Chaque instant où je pensais à cette époque délicieuse, le principe de la génération se raidissait encore quelque peu, le feu de la paillardise circulait dans mon sang et colorait mes joues; je songeais encore au plaisir; la poignée de verges de Gabrielle me revenait dans l'imagination; je courais au bordel le plus prochain, où, au moyen d'un petit écu, je me faisais administrer ce spécifique érecteur et secouer l'engin; alors je ne me souvenais nullement de ma soixantaine, je souillais les mains de la nymphe des rues qui me faisait ainsi aller et venir, et je revenais au café fier d'avoir encore répandu le baume propagateur et l'essence divine de la vie humaine.

Soit au bordel, soit au café, enseveli dans de profondes méditations métaphysiques, j'attrapai donc mes soixante ans, et mon être s'annula tout-à-fait, c'est-à-dire que je cessai tout-à-fait de bander. Je vis avec regret se perdre en moi cette faculté qui avait fait mon bonheur; je devins chagrin sombre, rêveur, et chaque fois que je jetais les yeux sur une jolie femme, je me disais dans l'amertume de mon cœur : Pauvre Belleval, si tu n'eusses pas commencé à l'âge de quinze ans à te livrer au plaisir, tu pourrais en jouir encore, tu pourrais avec ivresse te précipiter dans les bras d'une créature céleste expirer de plaisir sur son sein et renaître au comble de la félicité suprême.

CHAPITRE VIII.

Conclusion.

Etat critique d'un homme à 60 ans et dernier degré des âges du plaisir; Belleval fait une dernière épreuve sur ses sens avant de faire un adieu formel aux passions; désespéré de n'en pouvoir venir à bout, il prend le parti de la retraite et devient philosophe par nécessité. Conclusion de cet ouvrage.

Hélas! à soixante ans, qu'est-ce qu'un homme qui a aimé les plaisirs et qui les aime encore, quand les facultés d'en jouir sont absolument éteintes? Son triste individu glacé par l'âge n'est plus qu'une masse froide et inanimée; il jette çà et là des regards languissants; si les désirs le consument encore, ce n'est plus que des femmes prostituées qui l'accueillent pour son argent ou qui le rebutent avec mépris quand il est infortuné. S'il se trouve chez une de ces femmes mercenaires qui vident sa bourse, il n'en obtient qu'à prix d'or l'exécution de ces moyens dégradants qui outragent la nature. La plus infâme des coquines lui livre sans passion des appas flétris par la jouissance et le libertinage; il promène ses mains desséchées sur des tetons flasques, dont la peau coriace est plutôt un objet de dégoût que de volupté. Il sonde d'un doigt tremblant la profondeur d'une matrice excavée par la multiplicité des priapes qui y ont séjourné; il peut à peine compter les plis d'un ventre retombant à triple falbalas sur des cuisses molles, ridées ou étiques, et quand cette épreuve ne suffit pas pour l'exciter au plaisir et le faire jouir encore des charmes de son existence, il ne rougit pas de retourner à l'état d'enfance et de se faire fouetter jusqu'au sang pour rappeler en lui le germe éteint de la vie. O méprisables passions, à quoi réduis-tu la créature!....

C'est ainsi que Belleval raisonnait, en déplorant la perte de sa virilité; il se trouvait dans cet état de décadence, et pourtant il désirait encore, il ne pouvait, sans ressentir encore quelques frémissements de plaisir, voir une gorge nue; l'aspect de deux tetons fermes et rebondis le faisait soupirer après le reste du corps, et alors la première prostituée qui tombait sous sa main était celle qui travaillait avec ardeur pendant une heure entière à satisfaire ses sens, en le tirant tant soit peu de cet état d'anéantissement où le jetait sa molle faiblesse.

Il errait tristement le long des murs du Lycée, lorsqu'il fut accroché par une jeune fille, qui l'engagea fortement à venir chez elle, en lui vantant la fermeté de sa gorge, de ses cuisses, de ses fesses, et surtout sa complaisance, en ajoutant qu'elle était sans égale dans le quartier lorsqu'il s'agissait de faire bander les vieux.

A cette épithète de vieux, Belleval rougit et répondit : Eh! mon enfant, que veux-tu que j'y aille faire? Je ne bande plus, toutes les ressources de l'art ne peuvent rien contre les lois impérieuses de la nature, je suis un homme mort au monde.

Ce ton lugubre excita la lubrique courtisane qui faisait à Belleval cette douce proposition. Viens toujours, répliqua-t-elle, et si je ne suis pas suffisante pour te faire redresser, mes compagnes, qui sont de bonnes filles et braves comme moi, m'aideront, et je te proteste en honnête putain que tu ne sortiras pas du bordel que tu n'y aies laissé quelques gouttes de ce philtre qui sert à la progéniture.

Tout révoltante qu'était l'invitation, Belleval se laissa conduire, mais en désespérant comme on va le voir de l'effet des prouesses de la complaisante raccrocheuse.

Ce fut en effet en vain qu'elle employa la ressource des verges et celle d'un poignet vigoureux accoutumé à de semblables exercices; rien ne venait; le membre de Belleval, qui n'était plus le membre érecteur, le membre par excellence, mollissait entre ses mains, il n'en existait plus qu'une légère idée; l'agonisant suait sang et eau, tâtait les cuisses, tâtait les fesses de sa laborieuse ouvrière sans pouvoir donner le moindre signe de vie; enfin il somma la jolie donzelle de tenir sa parole, et voulut essayer le grand moyen, c'est-à-dire les caresses lubriques des autres prêtresses de ce bordel.

Bientôt quatre à cinq de ces gourgandines effrontées parurent dans la chambre, et Belleval en voyant cet escadron féminin commença à concevoir un rayon d'espoir. Ces femmes se déshabillèrent toutes ensemble, et lorsqu'elles le furent, firent remarquer au pauvre épuisé les différentes

beautés qu'elles possédaient. L'une vantait ses
tetons, l'autre ses fesses, celle-ci sa motte, l'autre
gracieusement lui présentait son cul à baiser; malgré toutes ces opérations, Belleval ne bandait pas.

En un clin d'œil, ces amazones dépouillèrent
Belleval de ses vêtements et le mirent nu comme
elles, puis, lui posant la tête sur un siége et les
pieds sur un autre, elles s'emparèrent chacune
d'une des parties de son corps; l'une à cheval sur
ses cuisses les frottait avec le poil épais de sa toison; une autre s'excitait au plaisir avec son doigt
et répandait sur sa figure l'éjaculation qui sortait
de sa concavité; une dernière lui secouait vigou-
reusement la pique, et tout cela sans opérer mé-
tamorphose.

Enfin, fatiguées de l'un et de l'autre côté, les sec-
tatrices de Vénus de ne pouvoir réussir et Belleval
d'être tourmenté, le pauvre diable, sans bander,
abandonna la partie en gémissant de son inutilité
sur laquelle il ne pouvait plus avoir de doute; il
paya généreusement les obligeantes courtisanes,
qui consciencieusement avaient bien légitimement
gagné leur salaire, et se retira honteux et confus
de ne pouvoir plus se regarder au monde comme
un être animé.

De retour à son logis, il ouvrit un champ vaste à ses réflexions, dont le résultat fut pour lui d'abandonner la capitale, où il se verrait toujours exposé à voir sans profit des beautés complaisantes qu'il ne pouvait plus contenter, des jeunes gens ivres de plaisir insulter par leurs jouissances multipliées à la honte de son impuissance, des abus qu'en politiquant il n'avait pu réformer, une jeunesse oisive et débauchée et une vieillesse triste et méprisée.

Belleval abandonna donc dès le lendemain ce fracas incompréhensible, cette tourbe de désordres, cette habitation du vice, où l'innocence la plus épurée se corrompt seulement en respirant son air contagieux, et se confina dans une retraite à l'acquisition de laquelle il employa le reste de son revenu échappé du gouffre infernal du jeu et converti en fonds réels.

Tout en cultivant quoiqu'à soixante et quelques années un joli jardin dépendant de l'asile champêtre qu'il s'était choisi, la mémoire de Constance, de cette Constance qu'il avait idolâtrée, lui revenait à l'imagination; il se reprochait intérieurement d'être la première cause des dérèglements de cette fille infortunée, morte si miséra-

blement au sein de la débauche; des larmes cou-
laient de ses yeux abattus et sillonnaient ses joues;
alors il s'appuyait sur sa bêche et se disait à lui-
même : Dieu, auteur de mon être, qu'est-ce que
l'homme ?

A dix ans, dans l'effervescence du désir, le
germe des passions vient l'assaillir; à vingt ans,
il en jouit sans modération; à trente, livré à la
débauche la plus effrénée, il ne met point de bornes à ses désirs; l'inceste, la jouissance la plus
lascive, est le but de ses empressements; à qua-
rante, libertin raffiné, voluptueux sans délicatesse,
il met en usage, lorsqu'il est célibataire, toutes
les ressources honteuses que lui suggère son tempérament; à cinquante, il réclame les secours de
la prostitution, et à soixante, il ne bande plus.
Hélas! hélas! c'est là que je suis logé; que devient-
il donc alors, un philosophe, un sage, et c'est ce
que je prétends être? En réfléchissant ainsi, Beile-
val remuait la terre et arrosait les fleurs, qu'il
comparait à la destinée de l'homme, et c'est de
cette façon qu'il termina sa carrière.

CHANSON.

Depuis 60 ans jusqu'au tombeau. Age des regrets.

Air : *d'un bouquet de romarin.*

De ce joli passe-temps,
 Adieu donc l'usage ;
Car j'apprends à mes dépens
 Que ce n'est plus l'âge
Pour moi de baiser tendron,
Qui très-leste et sans façon
M'offre sous son blanc jupon
 Ce bel avantage.

A quoi servent les leçons
 D'aimable folie ;
Ne plus bander ces chansons
 Au temps de la vie
Où l'homme n'a plus d'orgueil
De braver ce triste écueil
Et qu'il dit bonsoir en deuil
 A la compagnie.

Dieux ! quels terribles fléaux !
 Quel affreux présage,

Je vois creuser mon tombeau,
  Non, plus d'enconnage;
Adieu pour moi l'univers,
Je m'en vais foutre aux enfers,
Sans le prendre de travers,
  Dites : c'est dommage.

Les trois métamorphoses,

Conte en vers et en prose, pour servir de supplé-
ment au degré des âges,

PAR LE MÊME AUTEUR.

Bagatelle à l'ordre des temps.

Je veux chanter dans ce conte gaillard
Du plus affreux trio toute la turpitude,
Et sans choisir mes portraits au hasard,
Les peindre au naturel, en faire mon étude;
Dévoiler les plaisirs de trois membres choisis
Dans ces sérails charmants du centre de Paris,
Oui, c'est toi que j'invoque, ô mon aimable muse!
Dans ce moment je te prends pour plastron;
Et si ton art charmant à ma voix se refuse,
Je t'appréhende et te saisis au con.

Pardon, lecteurs scrupuleux, je n'écris pas pour vous, renfermés dans la classe des citoyens qui ne s'occupent qu'à méditer les prodiges étonnants de notre révolution française; vous n'accordez plus d'instants au plaisir; sourds à sa voix, vous voyez avec indifférence ces jeunes et jolies républicaines qui, rangées en haie sous les galeries et aux entresols du palais Egalité, qui, par maintes et maintes provocations lascives et libertines, veulent s'assurer de vos sens, de votre bourse et jouir du bénéfice du marché; le prix de leurs faveurs est le pot de vin de leurs grâces.

—

Mais c'est à vous que je m'adresse,
Charmants roués, grands libertins,
Blâmerez-vous que mon cœur s'intéresse
Au jeu plaisant d'une tendre catin ?
A ces transports d'un prélat d'Église,
Aux faits galants d'un trop épais robin,
Je ne le puis consultant ma franchise,
Tout y joignant l'auspessade Jobin.

—

Je viens à mon fait et vais vous raconter comment la déesse de la lubricité elle-même sut punir, dans un de ces asiles consacrés aux tendres

mystères, un prélat hypocrite, qui, interprétant
les décrets du ciel à sa guise, rangeait les courtisanes de la capitale au nombre des houris, que
l'un de nos imposteurs en matière de religion, le
sublime Mahomet, avait placées dans son paradis
pour la joie des fidèles croyants.

> A ce tableau joindre mon militaire,
> Qui, toujours leste, alerte et bien fringant,
> Baisant partout et sans donner d'argent,
> Du doux plaisir faisait sa seule affaire.
> Au rabat empesé, vous connaîtrez le drille,
> Qui, dans ce lieu, pour un petit écu,
> Visitait le vagin d'une agréable fille,
> En se nommant le magistrat cocu.

Mes trois personnages, travestis à qui mieux
mieux, et désirant en eux les feux de la paillardise, un jour de calme et de tranquillité, se rendirent dans un temple devenu l'un des mieux
famés de Paris en même temps que le mieux fourni;
les brunes et les blondes s'y trouvaient rassem-
blées, tous les désirs s'y trouvaient satisfaits, depuis ceux de l'évêque mîtré jusqu'à ceux de l'in-
digent et brave sans-culotte.

—

Ce fut chez vous, ô digne pourvoyeuse,
Belle Desglands (1), qu'une rage amoureuse
Amena ce trio guidé par le plaisir
Et dont un joli cul enchaînait le désir.
A leur accoutrement, qui les aurait
Pris d'abord, l'un pour Machault,
Ci-devant évêque d'Amiens, et maintenant
Aumônier du diable, moi seul sans
Doute qui sais qu'il n'est pas étonnant
Qu'un prêtre délivré de l'emploi, de l'autel,
De l'église, n'ait fait qu'un saut jusqu'au bordel.
L'autre était Montesquiou, bien mince général,
Ce coquin renommé qui nous fit tant de mal,
Et le tiers un rabat de chicane encroûtée,
Tourment de la vertu souvent persécutée.
C'était Janson, ce conseiller fameux,
L'opprobre de la terre et l'effroi des neveux,
Qui, du lâche produit de ses fortes épices,
Du palais au boucan gagnait des chaudes-pisses;
Muse! aide à ma prose, je t'ai dépeint mes
Personnages; voyons comment ils se tireront
Maintenant de leur équipée scandaleuse,

(1) Maquerelle connue, rue Ste-Anne, Butte St-Roch.

Et comment ces trois gueux de crimes revêtus
Ont pratiqué les vices en jouant les vertus.

Machault, Montesquiou et Janson furent donc
chez la Desglands demander chacun une fille.
Julie Desbois, Dorothée de Ginville et Elisabeth la
Comtoise furent destinées à passer en campagne
avec ces messieurs.

Janson parla procès, et Montesquiou combats,
Mais pour bien terminer tous ces affreux débats,
L'hypocrite Machault obtint la préférence ;
On sait que d'un prélat c'est la prééminence.

Julie Desbois lui appartient, mais ô triomphe
de l'Église, au moment que le ci-devant évêque
d'Amiens s'apprêtait à engainer son mou et flas-
que outil, il resta court, et ma Julie lui dit :
Je salue maintenant votre sage éminence;
En très-bonne putain, j'offre ma révérence.
Ginville présenta son énorme vagin
A ce traître soldat, qui des bords d'outre-Rhin,
De nos républicains n'embrassa point l'injure
Et n'agit que d'après la plus lâche imposture.

Montesquiou resta là. Ce membre superbe, qui
apaise la femme la plus acariâtre, fut sans effet;

deux courtisanes délaissées, deux personnages *à quia;* que devint le troisième; c'est Janson que je mets en scène :

Je viens baiser, dit-il, au nom du parlement,
Et prends sur moi les frais de cet évenement.
Si sur cet exposé un lâche peuple glose,
J'en appelle au Sénat, et lui seul en impose.

Souveraine protectrice des plaisirs, éloigne-toi du local de la Desglands; ta présence y serait outragée, un prêtre, un général y ont débandé, un magistrat a couronné l'œuvre. Comment réparer cet outrage, consommé pour ton culte; mais qu'entends-je? La paillasse s'agite, le ciel du lit s'écroule.

Et le bidet casse en plus de mille éclats,
Fait taire le robin et le dieu des combats.
Le prélat s'agenouille et marmotte une excuse,
Soutient qu'il n'a pas tort, que du lieu c'est la ruse,
Que l'on peut enfin, fier du droit de l'autel,
Bénir une putain, fût-ce même au bordel.

Mais qui apparaît à mes regards, c'est la lubricité; elle fixe un œil de courroux sur le triumvirat. Calotte détestable, s'écria-t-elle dans l'ex-

cès de sa rage, atome décoré d'un hausse-col, et
toi, vil organe des lois, relégué dans la poussière
des bancs de la grande salle, il est temps que ma
vengeance éclate.

Tous trois, rebut affreux des sinistres destins,
Vous êtes dédaignés par de viles putains.
Je saurai me venger de cet affront infâme,
Je le dois à mon sexe, en un mot, je suis femme;
Il est temps que l'amour vous donne une leçon,
A la lubricité, reconnaissez mon con.

A genoux et la bouche béante, les trois mirli-
flors se turent et la lubricité continua.

Vous, prêtre, président, toi, lâche, reste là.
Je vais me préparer à toute ma vengeance
Sans que le moindre mot serve à votre défense.
D'une tête de chien maintenant bien parés,
De tous vos partisans vous serez exécrés,
Et pour mieux vous punir, de tous vos attributs,
Lâches profanateurs, vous serez revêtus.

O merveille! de trois têtes je n'en vis plus
qu'une, et les plus laids museaux remplacèrent
les visages de Machault, de Montesquiou et de
Janson. Je m'écriai alors :

Ecce homines.

Tout confus et aboyants, ils abandonnèrent ce lieu de prostitution; mais leur nouvelle caricature, gravée et répandue dans le public, dira à l'amateur : Tels sont nos traits fidèles.

FIN DU PREMIER VOLUME.